編著
一般社団法人
発達支援ルームまなび
笘廣みさき・今村佐智子

漢字の基礎を育てる 形 音 意味 ワークシート❷

漢字の形・読み 編

漢字さがし・漢字のまちがい見つけ
（1〜3年）

かもがわ出版

表紙イラスト・デザイン／高橋哲也
本文イラスト／近藤理恵
本文デザイン・組版／菅田　亮

はじめに

　子どもたちと学習していると、漢字の苦手な子どもにたくさん出会います。そして、苦手さから「漢字ギライ」になってしまう子どもも少なくありません。「何か違った漢字になってしまう」「きれいに写せても、テストになると思い出せない」「作文に漢字を使えない」など、子どもたちの困っている状態はさまざまで、その困難さの原因を考えて効果的に支援していく必要があります。
　このシリーズは、漢字の苦手さに対して、その原因に迫りながら取り組めるように構成しました。
　本書は、コピーして使えます。A4に拡大コピーすると、取り組みやすくなります。

●●● 原因を探る ●●●

　漢字には、「形」「音・読み」「意味」の3要素があります。そのうち、どこにつまずきがあるのか原因を探ることから始めなければなりません。

　漢字のまちがいを「形」「音・読み」「意味」のどこに原因があるか、それぞれ分類してみました。

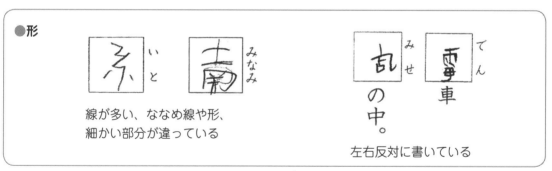

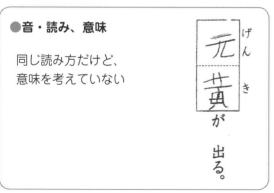

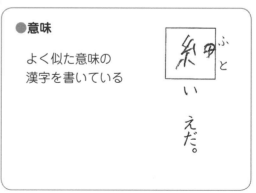

　このように、どこでつまずいているかを把握し、次にそれに対する手だてを考えます。

●●● 原因に沿った練習をする ●●●

　このシリーズでは、漢字の「形」「音・読み」「意味」の基礎を育てることを目的としています。これらの3要素に合わせて、1冊目「空間認知編」、2冊目「漢字の形・読み編」、3冊目「漢字の読み・意味編」とし、各々のつまずきに対して必要なところから、ステップ別にワークシート式で取り組めるようにしました。効果をあげるためには、まず、指導者が原因を探ります。そして指導者が子どもに必要な声かけや支援をし、コミュニケーションをとりながら取り組ませることが大切です。

●1冊目「空間認知編」
　形をとらえるために大切な「空間認知力」を育てます。さらに形を記憶する練習もします。
　①点つなぎ：見本を見て、点をつないで形を書く。
　②図形模写：見本を見て、形を写す。

●2冊目「漢字の形・読み編」（1～3年生の漢字）
　漢字として形をとらえ、読み方（音）と結び付けていきます。
　①漢字さがし：よく似た漢字の違いに注目し、線でつなぐ。漢字と読みを書く。
　②漢字のまちがい見つけ：見本と見比べて、漢字のまちがいを見つけ、正しい漢字を書く。

●3冊目「漢字の読み・意味編」（1～3年生の漢字）
　漢字の意味を考えて、読んだり書いたりします。
　①同音異義語：意味を考えて同じ読み方の漢字を書く。
　②読みかえ漢字：文に合わせて、同じ漢字の読みを書く。

　ノートに漢字をひたすら書いて練習するのではなく、「漢字は楽しい」と感じられるようになれば幸いです。学校や家庭で、それぞれのつまずきの原因に合ったシリーズから、みなさまに活用されることを願っています。

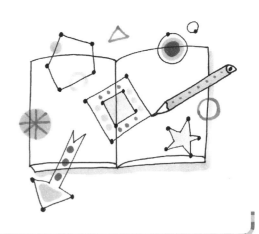

もくじ

- ●はじめに　　3
- ●漢字の形・読みとは？　　6
- ●ワークシートの使い方［漢字さがし］　　8
- ●ワークシートの使い方［漢字のまちがい見つけ］　　10
- ●漢字一覧表　　12
  - 〔A／AA〕　　12
  - 〔B／BB〕　　13
  - 〔C／CC〕　　14

漢字さがし

- A　1〜13（1年生）　　16〜28
- B　1〜27（2年生＋1年生）　　29〜55
- C　1〜33（3年生＋2年生）　　56〜88

漢字のまちがい見つけ

- AA　1〜13（1年生）　　90〜102
- BB　1〜27（2年生＋1年生）　　103〜129
- CC　1〜33（3年生＋2年生）　　130〜162

漢字の形・読みとは？

　漢字の「形」をとらえきれない背景には、『漢字の基礎を育てる形・音・意味ワークシート①─空間認知編』（以後、ワークシート①）で取り上げた「空間認知力の弱さ」があります。ワークシート①で、その力が育ってきたら、さらに漢字学習を進めるためには、漢字の形の把握、読み、書きへと結びつけていくことが必要です。本書では、「漢字さがし」と「漢字のまちがい見つけ」の2種類のワークシートがあり、（1）「漢字」としての形の特徴や規則性をとらえること、（2）細かい形の違いを確認することをねらいとしています。それに漢字の読み方をリンクさせていくことも大切にしています。

■「漢字」としての形の特徴や規則性に気づく

　偏と旁のように左右の合体、冠や足のように上下の合体など、形としての組み合わせがあること、また「進」と「集」の「ふるとり」のように、別の漢字の中に同じ形があると発見することで、楽しくなったり覚えやすくなったりします。本書では、このような漢字の特徴や規則性に気づくようゲーム的要素のあるワークシートで、楽しく取り組めるようにしています。子どもがそのことに気づけるよう「ここが同じだね」など、声かけをしてください。また、漢字の形を正しく認識するとともに、形の特徴や規則性に気づけば「氵（さんずい）は、水に関係してるね」など、部首の話もしてあげてください。それらの部首の多くは意味を表しているので、自然に本書の「形・読み編」から次のワークシート③「読み・意味編」へとつながっていくでしょう。

■「漢字さがし」：漢字の形に着目して同じ漢字をさがして線でつなぎ、書く

　1ページ内によく似た形の漢字を配置していますので、同じ部首や細かい部分の違いに気をつけて同じ漢字をさがします。漢字を書くのは、1回だけで、しかも見本を見ながら書くこともできるため、漢字を「書く」ことに消極的な子どもにも適しています。同じところ・違うところに気づき、書きや読みに発展させられるようにしています。

■「漢字のまちがい見つけ」：手本の漢字と見比べてまちがいを見つけて書く

　線や点がたりない・多い、線がつき出しているなど、さまざまなまちがった漢字を提示しています。まちがいを見つけるには、細部への注意が必要です。一文字ずつ漢字の部分に着目して正しい形を確認し、正しい漢字を書きます。

　本書では漢字の2つ目の要素である「読み方（音）」も扱います。読み方では、特に訓読みを中心に取り組むことで、3つ目の要素である「意味」にも関連づけていくことができます。そのため、意味のわかる読み方を強調し、訓読みを先に書いています。読み方は、小学校で習う読み方を中心に書

いていますが、一部、よく使われることばや社会科で学ぶ地名などの読み方も書いています。

また、1～3年生で学習する漢字440字が学年別に出てきます。1シートに7文字ずつで、「漢字さがし」と「漢字のまちがい見つけ」では同じ漢字で問題を作成しています。くり返し出てくる漢字は、定着度を高めるため、あえて続けて載せていることもあります（出てくる漢字は12ページ以下一覧表で示しています）。

前半「漢字さがし」と後半「漢字のまちがい見つけ」となっていますが、漢字の習熟度や学年発達段階から検討して、先に「漢字のまちがい見つけ」から取り組んでもかまいません。また、どちらか一方のみでもかまいません。

書くのが苦手な子どもたちも同じ漢字を見つけたり、まちがいをさがしたりすることで意欲的になり、楽しく漢字に取り組んでほしいと願っています。

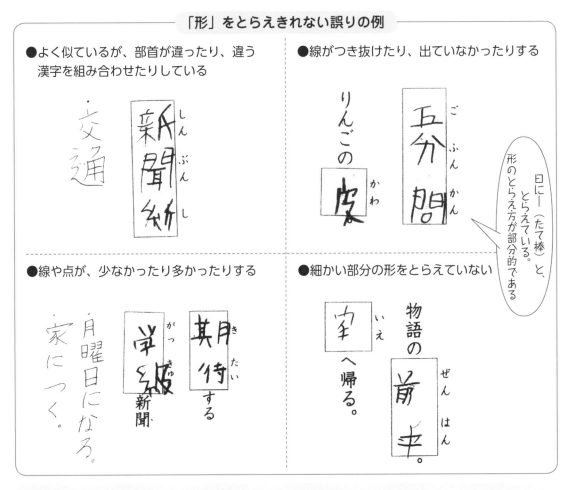

本書を使用するにあたって
- A4サイズなどに、拡大コピーして、お使いください。
- コピーして使う時に便利なように、1ページごとに月日や名前を書く欄を設けました。
- 個人がどこまで進んだかわかるように、通し番号をつけています。

ワークシートの使い方［漢字さがし］

　「漢字さがし」は、漢字の「形・音・意味」の3要素のうち、漢字の「形」をとらえ、さらに細かい部分の違いがわかる、また基本的な「読み（音）」を確認していくワークシートです。
　よく似た形の漢字の中から同じ漢字を探し出し、線でつなぎます。そして見つけた漢字を1回だけ正しく書き、読み仮名も書きます。同じ部首の漢字やよく似た漢字があるので、しっかり見ることが要求されます。

■ ステージの紹介
　ステージは、次の3つでできています。

A	1年生で習う漢字　80字
B	2年生で習う漢字　160字　と1年生の漢字7個
C	3年生で習う漢字　200字　と2年生の漢字11個

　各学年で習う漢字が全部出てきますが、ステージ内で同じ漢字が2回出てくることもあります。さらに、B、Cには下学年で習った漢字が少し入っています。出てくる漢字については12～14ページに一覧表がありますが、各教科書会社によって、漢字の出てくる順番が異なるため、習う順にはなっていません。従って、全部習い終わった次の学年になってから使うと、スムーズに取り組めます。しかし、正しい漢字と読み方が本書後半のAA、BB、CCにありますので、未学習の漢字についても学習することは可能です。

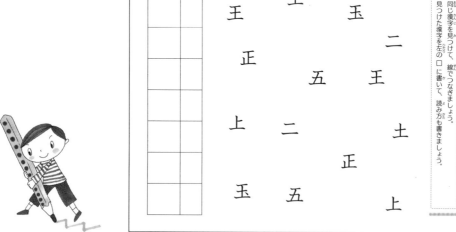

8

■ 基本的な使い方

①各ページには、同じ漢字が2個ずつ、計14個あります。形が似ているので、細かい違いに注意して、同じ漢字を見つけて線でつなぎます。

　つなぎ方に決まりはありませんので、線が交差してもしなくてもいいです。ただし、子どもが線を書くことに注目し過ぎるときは、漢字の違いに注目するように声をかけていくことが大切です。

［例］

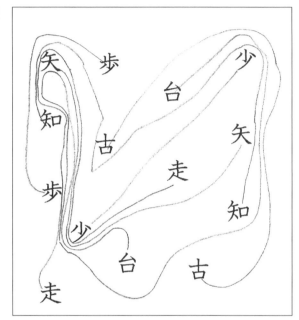

漢字大きらいという子どもが、興味を持って取り組み始めた例です。

線が交わらないように工夫することを楽しんで書いています。これに集中しすぎてしまう時には、「一番短い線でつないでみよう」など、本来、注目してほしい漢字に関心がいくような声かけを心がけましょう。

②見つけた漢字を左端にあるマス目に1回だけ書きます。その時、つないだ漢字（印刷されているもの）を見本にしていいので、正しく書くことが大切です。バランスが不安定であってもよいのですが、線の数、つき出ているか、などの部分はしっかり確認させてから正しく書くようにします。

③最後に、読み仮名も書きます。わからないときは、指導者が教えてもいいです。または、後半の「漢字のまちがい見つけ」の各ページにある読み仮名を見て書いてもいいです。（A→AA、B→BB、C→CCに漢字が対応していて、正しい漢字と読み方が確認できます）読み仮名は、すべてを書く必要はありません。

ワークシートの使い方［漢字のまちがい見つけ］

　漢字の3要素のうち、「形」をとらえることをねらいとする「漢字のまちがい見つけ」は、細かい部分の違いを見つけ、その部分を意識して正しい漢字を書きます。さらに基本的な「読み（音）」の力も育てるワークシートです。手本の漢字と見比べてまちがいを見つけていきます。線や点がたりない場合や多い場合、向きが違うなどさまざまなまちがいがあるので、細部への注意が必要です。一文字ずつ漢字の部分に着目して正しい形を確認して正しい漢字を書き、読み仮名を書きます。

■ ステージの紹介

　ステージは「漢字さがし」と同じで、次の3つでできています。

AA	1年生で習う漢字　80字
BB	2年生で習う漢字　160字　と1年生の漢字7個
CC	3年生で習う漢字　200字　と2年生の漢字11個

　前半の「漢字さがし」と同じ漢字が出てきます。正しい漢字と読み方を書いていますので、それをお手本として未学習の漢字についても学習することができます。

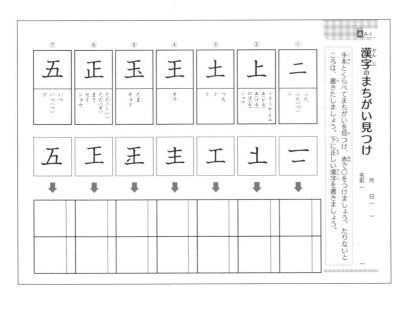

■ 基本的な使い方

①各ページの上に手本の漢字と読みがあります。その下にはまちがった漢字があるので、2つの漢字を見比べてまちがいを見つけ、赤えんぴつでまちがっているところに○をつけたり、たりないところを書きたしたりします。その際、どこが違うかことばで説明ができれば聞いてあげましょう。（例：「ここが突き抜けている」「ここが1本たりない」など）

②漢字の右下に●印がある場合は、まちがいが2個あります。ただし、次のようなものは1つとかぞえています。
- ●左右反転　●位置や大きさが違う　●「かんむり」「へん」などひとまとまりのもの
- ●対になっているもの

〔例〕首・楽

③正しい漢字を矢印の下に2つ書きます。見つけたまちがいに留意して書くよう、助言しましょう。
④最後に、書いた漢字の読み仮名を横の枠に書きます。

■ 応用編
①手本を見なくてもまちがいを見つけて正しく書ける場合は、正しい漢字が書いてある上部を折って、手本をかくして使いましょう。
②2マスある漢字練習枠は、いろいろな使い方ができます。子どもの段階に応じて使ってください。
- ●同じ漢字を2回書く〔例1〕　●送り仮名を含めて書く〔例1〕
- ●送り仮名をマスに書く〔例2〕　●熟語を考えて書く〔例3〕　など

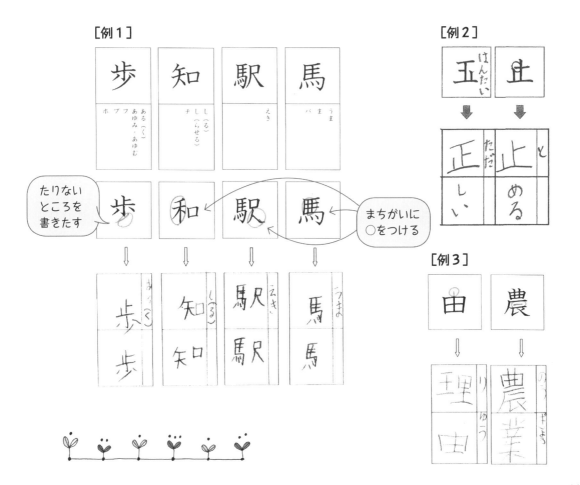

漢字一覧表（1〜3年）

・下線のある漢字は、同じ学年ページで2度目に出てきた漢字です。
・波線のある漢字は、下学年で学習した漢字です。

［活用方法］
・習得した漢字に印をつけます。
・再度、子どもに挑戦させたい漢字が一目でわかります。
・習得・未習得の漢字を確認します。

⑬	⑫	⑪	⑩	⑨	⑧	⑦	⑥	⑤	④	③	②	①	A／AA ［1年生］
林	木	日	子	田	日	石	口	大	人	十	一	二	
校	林	月	字	中	白	右	四	小	入	七	三	上	
村	森	円	学	早	百	名	田	水	八	千	川	土	
草	竹	立	空	目	夕	力	木	六	年	山	王		
花	下	音	土	車	見	左	九	本	文	生	出	玉	
赤	手	雨	赤	虫	貝	金	男	休	犬	先	文	正	
青	糸	青	手	足	耳	入	町	火	天	気	女	五	

[2年生]

⑭	⑬	⑫	⑪	⑩	⑨	⑧	⑦	⑥	⑤	④	③	②	①
室	母	広	米	兄	早	体	才	前	今	工	百	止	矢
家	毎	店	来	元	朝	作	岩	朝	食	土	自	正	知
雪	海	点	冬	北	車	何	戸	明	合	社	首	午	古
雲	内	魚	麦	売	東	歌	声	晴	答	寺	道	牛	台
電	肉	馬	夏	声	親	行	昼	曜	谷	時	夏	半	少
答	同	鳥	後	光	新	後	原	春	会	地	買	手	歩
算	南	鳴	友	当	近	太	茶	帰	絵	場	直	毛	走

㉗	㉖	㉕	㉔	㉓	㉒	㉑	⑳	⑲	⑱	⑰	⑯	⑮
長	外	回	細	姉	心	西	地	言	弓	星	万	父
画	多	国	組	妹	思	画	池	計	弟	里	方	交
風	考	図	絵	線	道	黄	活	記	引	黒	刀	高
形	教	園	紙	楽	通	用	話	話	強	理	切	京
顔	数	門	線	書	週	角	海	語	風	野	分	夜
頭	番	間	秋	弟	近	色	汽	読	弱	用	公	市
曜	帰	聞	科	丸	遠	魚	気	売	羽	通	船	姉

C/CC [3年生]

⑰	⑯	⑮	⑭	⑬	⑫	⑪	⑩	⑨	⑧	⑦	⑥	⑤	④	③	②	①
酒	員	送	島	開	時	化	場	重	氷	反	相	息	主	客	顔	皿
配	負	進	岸	問	持	仕	湯	動	泳	坂	想	急	住	実	頭	血
起	湖	遊	炭	味	待	予	陽	表	球	板	箱	悪	注	定	題	曲
港	有	追	談	命	等	動	物	安	式	返	弟	感	柱	宮	馬	農
漢	育	速	畑	品	詩	助	者	始	感	院	第	悲	放	宿	駅	由
温	期	整	進	倍	調	勉	暑	委	代	階	笛	意	族	究	鳥	油
昔	服	放	集	局	談	勝	都	秒	州	習	筆	暗	旅	写	島	笛

㉝	㉜	㉛	㉚	㉙	㉘	㉗	㉖	㉕	㉔	㉓	㉒	㉑	⑳	⑲	⑱
皮	医	列	鉄	和	地	取	役	昭	歯	運	業	羊	荷	申	具
波	区	死	銀	号	池	受	投	商	鼻	軽	界	洋	苦	神	県
流	豆	病	根	君	他	祭	指	路	面	庫	央	様	落	福	真
港	短	乗	全	向	係	軽	拾	客	両	転	守	事	楽	礼	植
深	登	事	緑	路	使	度	童	落	去	黄	対	丁	薬	館	着
消	発	業	練	所	級	庭	章	研	幸	横	寒	打	世	飲	美
決	族	筆	乗	屋	緑	級	部	帳	身	橋	終	平	葉	次	集

漢字さがし

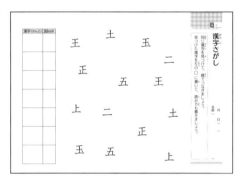
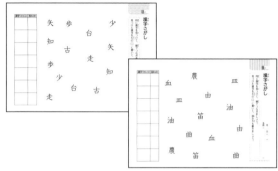

- 全部の漢字を線でつないでから、左はしに漢字と読み仮名を書くのもいいです。また、一組見つけるたびに書いてもいいです。
- 読み仮名は、すべての読み方を書く必要はありません。本人が知っている読み方で、かまいません。知ってほしい読み方があれば、1つ付けたすくらいにしましょう。

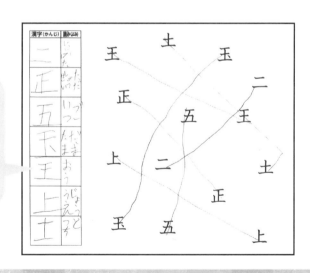

漢字を書いて、読みを書く時、お話をしながら取り組めるといいですね。
（例）「どんな時に使う？」
　　「王さまの王」
　　「王子さまの王も同じだよ」

❗ ワンポイントアドバイス

ひらがなの読みが一字一音だったので、漢字も同じようにとらえて、まちがうことがあります。→[例]

送りがなの指導もていねいにしましょう。

送りがなを（　）で示しています。
この他に赤で書くなど、学校で指導されている方法で書きましょう。

A-1 漢字さがし

月　日（　）
名前（　　　　　　　　）

同じ漢字を見つけて、線でつなぎましょう。
見つけた漢字を左の口に書いて、読み方も書きましょう。

　　　　二　　　王　　　　　土　　　　上

　　王　　　　　　　　　　正

　　　　　　五　　　　　二　　　　五

　土　　　　　　　　　　　　　　

　　王　　　正　　　　上　　　王

読み(よみ)							
漢字(かんじ)							

漢字さがし

A-2

月　日（　）
名前（　　　　　　）

> 同じ漢字を見つけて、線でつなぎましょう。
> 見つけた漢字を左の□に書いて、読み方も書きましょう。

川　女　　出

一　　　　　　文

　出　文　　三

三　女　川　山

読み(よみ)							
漢字(かんじ)							

A-3 漢字さがし

名前（　　　　　　　）
月　日（　）

同じ漢字を見つけて、線でつなぎましょう。
見つけた漢字を左の□に書いて、読み方も書きましょう。

先　年

十

気

千

生　七　年

生　気

千　先　十　七

読み(よみ)							
漢字(かんじ)							

漢字さがし

月　日（　）
名前（　　　　　　　）

同じ漢字を見つけて、線でつなぎましょう。
見つけた漢字を左の□に書いて、読み方も書きましょう。

六　　　　　人　　　天
　　　文　　　　大
人　　　　　　　大　文
　　　六　　天
大　　　人　　　　　人
　　　　　人

読み(よみ)						
漢字(かんじ)						

漢字さがし

同じ漢字を見つけて、線でつなぎましょう。
見つけた漢字を左の□に書いて、読み方も書きましょう。

小　　大　　水　　火

　　火　　木　　休

本　　　　　水　　大

　　木　　休

　　　　小　　　本

読み(よみ)							
漢字(かんじ)							

漢字さがし

月　日（　）
名前（　　　　　　　　　）

同じ漢字を見つけて、線でつなぎましょう。
見つけた漢字を左の□に書いて、読み方も書きましょう。

男　田　力
九　町
四　口　九
口　四　男
町　力　田

読み							
漢字							

漢字さがし

同じ漢字を見つけて、線でつなぎましょう。
見つけた漢字を左の□に書いて、読み方も書きましょう。

左　石　金

名　金　夕　右

左　入

石　名　夕　右

漢字(かんじ)							
読み(よみ)							

漢字さがし

月　日（　）
名前（　　　　　　　　）

同じ漢字を見つけて、線でつなぎましょう。
見つけた漢字を左の□に書いて、読み方も書きましょう。

白　　　　日　　　百　　　貝

　　　見

日　　　耳　　　目　　　百

　　目　　白

耳　　　　貝　　見

読み(よみ)							
漢字(かんじ)							

漢字（かんじ）さがし

月　日（　　）
名前（　　　　　　　　　）

> 同じ漢字を見つけて、線でつなぎましょう。
> 見つけた漢字を左の□に書いて、読み方も書きましょう。

車　　　虫　　　　　田　　　　足

　　　草　　　　早

虫　　　中　　足　　　　　中

　　　　　　　　　　　車　田

早　　　草

読み(よみ)							
漢字(かんじ)							

漢字さがし

月　日（　）
名前（　　　　　　　　）

> 同じ漢字を見つけて、線でつなぎましょう。
> 見つけた漢字を左の□に書いて、読み方も書きましょう。

土　　　　子　　　空　　　字

　　学　　　　　　　　　手
赤　　　　　赤

　　　　土　　　子

字　　　　　　　　　　学
　　手　　空

読み(よみ)							
漢字(かんじ)							

A-11 漢字さがし

月　日（　）
名前（　　　　　　　　）

同じ漢字を見つけて、線でつなぎましょう。
見つけた漢字を左の□に書いて、読み方も書きましょう。

日　　立　　　　雨　　　　円

　音　　　　　青　　　　　　音

　　青　　日

円　　月　　立　　　　雨　　月

読み(よみ)							
漢字(かんじ)							

漢字さがし

同じ漢字を見つけて、線でつなぎましょう。
見つけた漢字を左の □ に書いて、読み方も書きましょう。

森　　木　　竹　　手

　　　　　林

　　下

糸　　森　　　　竹

　　　　木

下　林　　手　　糸

読み(よみ)							
漢字(かんじ)							

漢字さがし

月　日（　）
名前（　　　　　　　）

同じ漢字を見つけて、線でつなぎましょう。
見つけた漢字を左の□に書いて、読み方も書きましょう。

　　　　　校　　赤　　　　青　　　　花

　　　　　　　　　　　　　　　村

　　　　　　　草

　　　　　　　　　　林　　　　草

　　村

　　　　　花　　　　赤

　　青　　　　校　　　　　　林

読み(よみ)							
漢字(かんじ)							

漢字さがし

月　日（　　）
名前（　　　　　　　　　　）

同じ漢字を見つけて、線でつなぎましょう。
見つけた漢字を左の□に書いて、読み方も書きましょう。

少　　矢　　知

　　台　　走　　古

歩　　古　　台

矢　知　歩　少　走

読み(よみ)							
漢字(かんじ)							

漢字さがし

B-2

月　日（　）
名前（　　　　　　　　）

同じ漢字を見つけて、線でつなぎましょう。
見つけた漢字を左の□に書いて、読み方も書きましょう。

正　止　未

牛　午　毛

　　　手　未　牛

毛　止

午　　　正　手

漢字(かんじ)	読み(よみ)

漢字さがし

同じ漢字を見つけて、線でつなぎましょう。
見つけた漢字を左の□に書いて、読み方も書きましょう。

月　日（　　）
名前（　　　　　　　　　　　）

直　　夏　　　　　買　　目

　　道　　　音

目　　　買　　　道　　　道

百　　　夏　　　音

読み(よみ)							
漢字(かんじ)							

漢字さがし

月　日（　　）
名前（　　　　　　　　　　）

同じ漢字を見つけて、線でつなぎましょう。
見つけた漢字を左の□に書いて、読み方も書きましょう。

工　　　土　　　　社

寺　　　　場　　　　　時

　　地　　土　　寺　　　地

社　　時　　　工　　　場

読み (よみ)							
漢字 (かんじ)							

漢字さがし

月　日（　）
名前（　　　　　　　　）

同じ漢字を見つけて、線でつなぎましょう。
見つけた漢字を左の□に書いて、読み方も書きましょう。

今　　給　　　　　　　治

　食　　　今　　合

答　　　絵　合　会

　合　治　　会　　食

読み(よみ)							
漢字(かんじ)							

漢字さがし

名前（　　　　　　　）
月　日（　）

同じ漢字を見つけて、線でつなぎましょう。
見つけた漢字を左の□に書いて、読み方も書きましょう。

明　　前　　朝　　春

　　　帰　　　晴

　　曜　晴　明　曜

前　　春　　朝　帰

読み							
漢字							

漢字さがし

月　日（　　）
名前（　　　　　　　　　　）

同じ漢字を見つけて、線でつなぎましょう。
見つけた漢字を左の□に書いて、読み方も書きましょう。

岩　　　原　　　才

昼

茶　戸　声

吉

戸　　原　茶

才　　岩　昼

読み(よみ)							
漢字(かんじ)							

漢字さがし

同じ漢字を見つけて、線でつなぎましょう。
見つけた漢字を左の □ に書いて、読み方も書きましょう。

体　　歌　　行

作　　　　何

太　　行　　作　　後

何　歌　　体　後　　太

読み(よみ)							
漢字(かんじ)							

漢字さがし

月　日（　）
名前（　　　　　　　　）

同じ漢字を見つけて、線でつなぎましょう。
見つけた漢字を左の□に書いて、読み方も書きましょう。

新　　早　　朝

車　　　　　　　　

親　　東　　近

東　　　　　

　　　　親　　車

早　　朝　　　　　

　　　　近　　新

読み(よみ)						
漢字(かんじ)						

B-10 漢字さがし

月　日（　）
名前（　　　　　　）

同じ漢字を見つけて、線でつなぎましょう。
見つけた漢字を左の□に書いて、読み方も書きましょう。

兄　売
声　北
　元　声
売　　光
　当
兄　元
光　北　当

読み(よみ)							
漢字(かんじ)							

漢字さがし

月　日（　）
名前（　　　　　　　　）

同じ漢字を見つけて、線でつなぎましょう。
見つけた漢字を左の□に書いて、読み方も書きましょう。

米　来
　夏　冬　夏
来　　麦
　　後
友　冬　　友
　米　麦　後

読み(よみ)							
漢字(かんじ)							

漢字さがし

月　日（　）
名前（　　　　　　　）

同じ漢字を見つけて、線でつなぎましょう。
見つけた漢字を左の□に書いて、読み方も書きましょう。

鳥　鳴　　　店
　　　　　　　点
　　　広
　馬　　　　魚
　　　　　店　鳥
広　魚
　　　　　　　鳴
点　　馬

読み(よみ)						
漢字(かんじ)						

漢字さがし

月　日（　）
名前（　　　　　　　　）

同じ漢字を見つけて、線でつなぎましょう。
見つけた漢字を左の□に書いて、読み方も書きましょう。

母　　海　　母　　南

肉　　内　　　　　
　　　　　同　　母

　　南　　肉　　
同　　　　　　　

　　母　　海　　内

読み(よみ)							
漢字(かんじ)							

漢字さがし

月　日（　）
名前（　　　　　　　）

同じ漢字を見つけて、線でつなぎましょう。
見つけた漢字を左の□に書いて、読み方も書きましょう。

算　雲　　　算
　　　室
家
　雪　　家
　　電
塔　　　塔
　　　雪
室　雲　　電

漢字（かんじ）	読み（よみ）

漢字さがし

月　日（　）
名前（　　　　　　　）

同じ漢字を見つけて、線でつなぎましょう。
見つけた漢字を左の□に書いて、読み方も書きましょう。

夜　　　父　　　父

　　　　　　　　京

　　姉　　　高

市

　　　　　　　　市

　　京　　夜

高

　　父　　父　　姉

読み(よみ)							
漢字(かんじ)							

漢字さがし

月　日（　）
名前（　　　　　　）

同じ漢字を見つけて、線でつなぎましょう。
見つけた漢字を左の□に書いて、読み方も書きましょう。

船　万　分　公

方　刀　切

公　方　刀

分　切　万　船

読み(よみ)							
漢字(かんじ)							

漢字さがし

月　日（　）
名前（　　　　　　　）

同じ漢字を見つけて、線でつなぎましょう。
見つけた漢字を左の□に書いて、読み方も書きましょう。

黒　里　　　　野
　　　　用
　理　　　星
　　通
　　　　　黒
里　　理
　野　　通　用
星

読み(よみ)							
漢字(かんじ)							

漢字さがし

月　日（　　）
名前（　　　　　　　　　）

同じ漢字を見つけて、線でつなぎましょう。
見つけた漢字を左の□に書いて、読み方も書きましょう。

弓　　弟　　引　　風

　弱　　羽　　強

　　風　　　弱

強　　弟　　　羽

引　　弓

読み(よみ)							
漢字(かんじ)							

漢字さがし

月　日（　）
名前（　　　　　）

同じ漢字を見つけて、線でつなぎましょう。
見つけた漢字を左の□に書いて、読み方も書きましょう。

話　言　計　話

　　読　売　記

　　　　　　　語

　記　　読

計　　言　語　売

読み(よみ)							
漢字(かんじ)							

漢字さがし

同じ漢字を見つけて、線でつなぎましょう。
見つけた漢字を左の□に書いて、読み方も書きましょう。

地　活　池　話

汽　気

汽　活

海　話　地

池　気

漢字(かんじ)	読み(よみ)

漢字さがし

月　日（　）
名前（　　　　　　）

同じ漢字を見つけて、線でつなぎましょう。
見つけた漢字を左の□に書いて、読み方も書きましょう。

　　　　　魚　　画　　　角

西

　　　角　　黄　　用

色

　　魚　　画　　西

　　黄　　用　　　色

読み(よみ)							
漢字(かんじ)							

漢字さがし

月　日（　）
名前（　　　　　　　）

同じ漢字を見つけて、線でつなぎましょう。
見つけた漢字を左の□に書いて、読み方も書きましょう。

近　　　　遠

通

思　　週　　道

近

道　　思

週　　遠　　通

読み（よみ）							
漢字（かんじ）							

漢字さがし

月　日（　　）
名前（　　　　　　　　　　）

同じ漢字を見つけて、線でつなぎましょう。
見つけた漢字を左の□に書いて、読み方も書きましょう。

丸　　弟　　妹　　楽

姉

線　　　　　書

楽

線

書　　　　妹　　姉

弟　　　　　　　　丸

漢字(かんじ)	読み(よみ)

漢字さがし

月　日（　）
名前（　　　　　　　　）

同じ漢字を見つけて、線でつなぎましょう。
見つけた漢字を左の□に書いて、読み方も書きましょう。

科　紙　　　　線
　　　絵
細　秋　　　組
　線　細　科
絵　組　紙　秋

読み（よみ）						
漢字（かんじ）						

漢字さがし

B-25

月　日（　）
名前（　　　　　　　）

同じ漢字を見つけて、線でつなぎましょう。
見つけた漢字を左の□に書いて、読み方も書きましょう。

園　　門　　聞　図

回　　間　　国

回

国　　園

聞　図　　門　間

読み(よみ)							
漢字(かんじ)							

漢字さがし

月　日（　）
名前（　　　　　　　　）

同じ漢字を見つけて、線でつなぎましょう。
見つけた漢字を左の□に書いて、読み方も書きましょう。

数　教　　外　　　帰

　　多
多　帰　　　　　数

　　番　　　考

考　外　　数　　番

読み(よみ)							
漢字(かんじ)							

漢字さがし

月　日（　　）
名前（　　　　　　　　　　）

同じ漢字を見つけて、線でつなぎましょう。
見つけた漢字を左の□に書いて、読み方も書きましょう。

書　　　　　頭　　顔

　　形　　　　　　曜

　長

　　　　　　風　　長

　　顔

　　　　曜

風　　　　　　　　書

　　頭　　　形

読み（よみ）							
漢字（かんじ）							

漢字さがし

月　日（　）
名前（　　　　　　　）

> 同じ漢字を見つけて、線でつなぎましょう。
> 見つけた漢字を左の□に書いて、読み方も書きましょう。

皿　　　油　　　申　　　　　曲

　　　申　　　笛　　　　血

農　　　　　　　　　　笛

　　　　　　　曲

　　皿　　油　　　　農

血

漢字(かんじ)	読み(よみ)						

漢字さがし

月　日（　）
名前（　　　　　　　　）

同じ漢字を見つけて、線でつなぎましょう。
見つけた漢字を左の□に書いて、読み方も書きましょう。

鳥　島　駅
　　　題
頭　馬　馬
　　頭
　駅　島　顔
顔　鳥　題

読み(よみ)							
漢字(かんじ)							

漢字さがし

月　日（　）
名前（　　　　　　　）

同じ漢字を見つけて、線でつなぎましょう。
見つけた漢字を左の□に書いて、読み方も書きましょう。

客　　定　　宮

写

究　　宿　　写

客　　　　　究

宿　　　　実

定　　実　　宮

読み (よみ)							
漢字 (かんじ)							

漢字さがし

月　日（　）
名前（　　　　　　　）

同じ漢字を見つけて、線でつなぎましょう。
見つけた漢字を左の□に書いて、読み方も書きましょう。

族　　柱　　旅　　放

　　注　　住　　　主

主　　　旅　　族　　住

　柱　　放　　注

読み(よみ)						
漢字(かんじ)						

漢字さがし

月　日（　）
名前（　　　　　　　）

同じ漢字を見つけて、線でつなぎましょう。
見つけた漢字を左の□に書いて、読み方も書きましょう。

悪　悲　　　　感
　　　意
　　　息
　　　　悪　　　意　暗
感
　　　意
　　　　　　悪
　　　　　　　　悲
悪　　暗

読み(よみ)							
漢字(かんじ)							

漢字さがし

月　日（　）
名前（　　　　　　　）

> 同じ漢字を見つけて、線でつなぎましょう。
> 見つけた漢字を左の□に書いて、読み方も書きましょう。

相　笛　相　第

第　弟

笛　想　等

弟　笛

等　相　想

読み(よみ)							
漢字(かんじ)							

C-7 漢字さがし

月　日（　）
名前（　　　　　　）

同じ漢字を見つけて、線でつなぎましょう。
見つけた漢字を左の□に書いて、読み方も書きましょう。

坂　反　院　板

階　習　習

返

板　返　階

坂　反　院

読み(よみ)						
漢字(かんじ)						

漢字さがし

同じ漢字を見つけて、線でつなぎましょう。
見つけた漢字を左の□に書いて、読み方も書きましょう。

泳　　感　　式
　川　　　球
氷　　代
　　　川　感
　球
式　　氷　泳　代

読み(よみ)						
漢字(かんじ)						

漢字さがし

月　日（　）
名前（　　　　　　　　　）

> 同じ漢字を見つけて、線でつなぎましょう。
> 見つけた漢字を左の□に書いて、読み方も書きましょう。

始　　　委　　　安

　　利　　　　　　　始　　動

重　　　　　重

　　　　　　　利

表

　　　安　　　　　表

動　　　　委

読み(よみ)							
漢字(かんじ)							

漢字さがし

月　日（　　）
名前（　　　　　　　　　）

同じ漢字を見つけて、線でつなぎましょう。
見つけた漢字を左の□に書いて、読み方も書きましょう。

都　者　湯　　　場

　　物　　暑

暑　陽　　　　陽
　　　　湯
者　場
　　　　都
　　物

読み（よみ）							
漢字（かんじ）							

漢字さがし

月　日（　）
名前（　　　　　　　）

同じ漢字を見つけて、線でつなぎましょう。
見つけた漢字を左の□に書いて、読み方も書きましょう。

勉　仕　字

　　助　動　勝　仕

化　　勉　動

勝　字　助　化

読み(よみ)							
漢字(かんじ)							

漢字さがし

C-12

月　日（　）
名前（　　　　　　　　　）

同じ漢字を見つけて、線でつなぎましょう。
見つけた漢字を左の□に書いて、読み方も書きましょう。

等　　持　　談

　　　　　　　　調

待　　　時

　　談　　　　詩

　　　　等

調　　　　　　待

　　持

時　　　　詩

読み（よみ）							
漢字（かんじ）							

漢字さがし

月　日（　）
名前（　　　　　　　）

同じ漢字を見つけて、線でつなぎましょう。
見つけた漢字を左の□に書いて、読み方も書きましょう。

倍　　　開　　　味

　　問　　　品　　　局

　　　　　　　　　命

品　　　局

　　　　　　問

　味　　開

　　　　　命　　　倍

読み(よみ)							
漢字(かんじ)							

漢字さがし

月　日（　　）
名前（　　　　　　　　　　）

同じ漢字を見つけて、線でつなぎましょう。
見つけた漢字を左の□に書いて、読み方も書きましょう。

岸　畑　島

炭　集

談

進　炭

島　進

岸　談　集　畑

読み(よみ)							
漢字(かんじ)							

漢字さがし

同じ漢字を見つけて、線でつなぎましょう。
見つけた漢字を左の□に書いて、読み方も書きましょう。

放　　　　　速　　　　追
　遊　　　　　整　　放
　　　進
整　　　　　追　　進
送　　速　　　　　送
　　　　遊

読み(よみ)							
漢字(かんじ)							

漢字さがし

月　日（　）
名前（　　　　　　　　）

> 同じ漢字を見つけて、線でつなぎましょう。
> 見つけた漢字を左の□に書いて、読み方も書きましょう。

有　音　　　　員

　　　　　　　　湖
　　服　　員

員　　期
　　　音　　　服

期　員
　　　湖　有

読み(よみ)							
漢字(かんじ)							

漢字さがし

月　日（　　）
名前（　　　　　　　　　）

同じ漢字を見つけて、線でつなぎましょう。
見つけた漢字を左の□に書いて、読み方も書きましょう。

配　昔　漢
起
温　酒　温
昔
港
漢　港　配
酒　起

読み（よみ）							
漢字（かんじ）							

漢字さがし

月　日（　）
名前（　　　　　　　　）

同じ漢字を見つけて、線でつなぎましょう。
見つけた漢字を左の口に書いて、読み方も書きましょう。

集　　　　　具　　　着
　　県　　　　　　真
　　　　植　　　集　　美
美　　　　　県
　　　具着　　　　植
　　　　真

読み（よみ）							
漢字（かんじ）							

漢字さがし

同じ漢字を見つけて、線でつなぎましょう。
見つけた漢字を左の□に書いて、読み方も書きましょう。

次　福　　　　館
　　　館　　申
　　　　　飲　　次
神
　飲
　　　礼
礼　申　　　　神
　　　福

読み (よみ)							
漢字 (かんじ)							

漢字さがし

月　日（　）
名前（　　　　　　　　）

同じ漢字を見つけて、線でつなぎましょう。
見つけた漢字を左の□に書いて、読み方も書きましょう。

楽　葉　　　　　世　落

　　　苦

荷

　　落　　楽

苦　　　　　楽

　　荷　　世

薬　葉

読み(よみ)							
漢字(かんじ)							

漢字さがし

月　日（　　）
名前（　　　　　　　　　　）

同じ漢字を見つけて、線でつなぎましょう。
見つけた漢字を左の□に書いて、読み方も書きましょう。

洋　打　丁　事

幸　　　　　　　　　様　平

平

様　事

丁　幸　打　洋

読み(よみ)							
漢字(かんじ)							

漢字さがし

月　日（　）
名前（　　　　　　　　）

同じ漢字を見つけて、線でつなぎましょう。
見つけた漢字を左の□に書いて、読み方も書きましょう。

終　央　守
寒　界
　　対
　　　守　業
　　業　　　終
央
　　　対　界
　寒

読み(よみ)							
漢字(かんじ)							

漢字さがし

同じ漢字を見つけて、線でつなぎましょう。
見つけた漢字を左の□に書いて、読み方も書きましょう。

転　運　橋　横
　　　　　　　運
庫　　転　黄
　軽
　　　　　　橋
横　　黄　庫　軽

読み(よみ)							
漢字(かんじ)							

漢字さがし

同じ漢字を見つけて、線でつなぎましょう。
見つけた漢字を左の口に書いて、読み方も書きましょう。

両　身　　　去
　　　　　　　歯　幸
　　面
　　　幸
　　　　　　両　　去
身
　　歯
鼻　　　　　　　鼻
　　　面

読み (よみ)							
漢字 (かんじ)							

漢字さがし

同じ　漢字を　見つけて、線で　つなぎましょう。
見つけた　漢字を　左の　□に　書いて、読み方も　書きましょう。

研　　　　　商　　　帳

　　　客　　　　落

昭　　　路

　　　　　　昭　　研

落　　帳　　　客

　商　　　　　　路

読み(よみ)							
漢字(かんじ)							

漢字さがし

月　日（　）
名前（　　　　　　　）

同じ漢字を見つけて、線でつなぎましょう。
見つけた漢字を左の□に書いて、読み方も書きましょう。

役　　　　　投　　部

　　章

　　　　指　　　拾

部

　　投　　　童　章

拾　　　役　　指

　　童

読み(よみ)							
漢字(かんじ)							

漢字さがし

名月　日（　）
名前（　　　　　　　）

同じ漢字を見つけて、線でつなぎましょう。
見つけた漢字を左の□に書いて、読み方も書きましょう。

軽　級
祭　度
　取
庭　軽
　受　庭
度　祭　受
級

読み(よみ)							
漢字(かんじ)							

漢字さがし

月　日（　）
名前（　　　　　　　）

同じ漢字を見つけて、線でつなぎましょう。
見つけた漢字を左の□に書いて、読み方も書きましょう。

級　　　　　　　緑

　　地　　他

使　　　　　　係　級

　　池

他　　　使

　　　　　　地　　　池
係　　　　緑

読み(よみ)							
漢字(かんじ)							

漢字さがし

同じ漢字を見つけて、線でつなぎましょう。
見つけた漢字を左の□に書いて、読み方も書きましょう。

所　　　君　　　所

　　号　　　和　　路　　向

路　　　向　　　屋

和　　屋　　　君　　　号

読み(よみ)							
漢字(かんじ)							

漢字さがし

月　日（　）
名前（　　　　　　　）

同じ漢字を見つけて、線でつなぎましょう。
見つけた漢字を左の□に書いて、読み方も書きましょう。

乗　　　　　鉄　　　緑

　　　銀

根　　　　　全　　　練

　　緑　　　鉄

練　　　　　　　　全

　銀　　乗　　根

読み(よみ)							
漢字(かんじ)							

漢字さがし

月　日（　）
名前（　　　　　　　　　）

同じ漢字を見つけて、線でつなぎましょう。
見つけた漢字を左の□に書いて、読み方も書きましょう。

病　業
筆
死　事　乗
事　列
乗　死
乗　業
列　病　筆

読み							
漢字							

漢字さがし

月　日（　）
名前（　　　　　　　）

> 同じ漢字を見つけて、線でつなぎましょう。
> 見つけた漢字を左の□に書いて、読み方も書きましょう。

短　　医　豆　　区

　　　登　　発

　　　　　　　　族
発　豆　族　短

　　　　区

医　　　　　登

読み（よみ）						

漢字（かんじ）

漢字さがし

月　日（　）
名前（　　　　　　　　　　）

同じ漢字を見つけて、線でつなぎましょう。
見つけた漢字を左の□に書いて、読み方も書きましょう。

消　皮　港
　　　　　　波
流　決　流
　　　　　　消
　　皮　深
深　波
　　　港　決

読み（よみ）							
漢字（かんじ）							

漢字のまちがい見つけ

AA BB CC

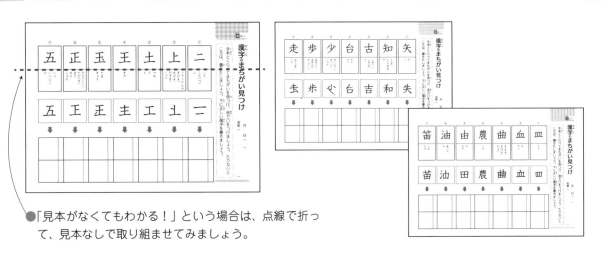

● 「見本がなくてもわかる！」という場合は、点線で折って、見本なしで取り組ませてみましょう。

❗ 漢字のどこがどのように違うかを、子どもに聞いてみましょう。
聞いてみると…

「くっついてない」

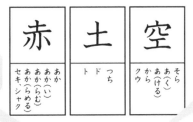

「上と下が反対」と言いながら、自分で書き込んだ例。

「1本多い」

たて線1本としているまちがいは、見つけにくいので、迷っている場合、アドバイスしましょう。

漢字のまちがい見つけ

手本とくらべてまちがいを見つけ、赤で○をつけましょう。たりないところは、書きたしましょう。下に正しい漢字を書きましょう。

	手本	よみ	まちがい	→	正しい漢字
①	二	ニ・ふた・ふた(つ)	ニ	→	
②	上	うえ・うわ・かみ・あ(がる)・あ(げる)・のぼ(る)・ジョウ	上	→	
③	土	ド・ツチ	工	→	
④	王	オウ	王	→	
⑤	玉	ギョク・たま	王	→	
⑥	正	ただ(しい)・ただ(す)・まさ・セイ・ショウ	王	→	
⑦	五	ゴ・いつ・いつ(つ)	五	→	

漢字のまちがい見つけ

A-2　　　月　日（　）
名前（　　　　　　　　）

手本とくらべてまちがいを見つけ、赤で○をつけましょう。たりないところは、書きたしましょう。下に正しい漢字を書きましょう。

№	手本	よみ	まちがい	→	正しい漢字
①	一	ひと・ひと(つ)・イチ・イッ	丆	→	
②	三	み・み(つ)・みっ(つ)・サン	三	→	
③	川	かわ	川	→	
④	山	やま・サン	山	→	
⑤	出	で(る)・だ(す)・シュツ・スイ	出	→	
⑥	文	ふみ・モン・ブン	文	→	
⑦	女	おんな・め・ジョ・ニョ	女	→	

91

A-3 漢字のまちがい見つけ

月　日（　）
名前（　　　　　　　）

手本とくらべてまちがいを見つけ、赤で〇をつけましょう。たりないところは、書きたしましょう。下に正しい漢字を書きましょう。

№	手本	読み	まちがい	→	答え
①	十	とお／ジュッ・ジッ	十	→	
②	七	なな・なな(つ)・なの・シチ	七	→	
③	千	セン	千	→	
④	年	とし・ネン	年	→	
⑤	生	い(きる)・い(かす)・う(まれる)・う(む)・は(える)・は(やす)・なま・き・セイ・ショウ	先	→	
⑥	先	さき・セン	先	→	
⑦	気	キ・ケ	気	→	

漢字のまちがい見つけ

A-4

月　日（　　）
名前（　　　　　　　　　　）

手本とくらべてまちがいを見つけ、赤で○をつけましょう。たりないところは、書きたしましょう。下に正しい漢字を書きましょう。

	手本	読み	まちがい	→	正しい漢字
①	人	ひと ニン ジン	人	→	
②	入	い(る) い(れる) はい(る) ニュウ	入	→	
③	八	や やっ(つ) よう(つ) ハチ	八	→	
④	六	む む(つ) むっ(つ) むい ロク	六	→	
⑤	文	ふみ モン ブン	文	→	
⑥	犬	いぬ ケン	犬	→	
⑦	天	あま テン	天	→	

漢字のまちがい見つけ

A-5　　　　　　　　　　　　　　　　　　　　月　日（　）
　　　　　　　　　　　　　　　　　　　　名前（　　　　　　　　　）

手本とくらべてまちがいを見つけ、赤で○をつけましょう。たりないところは、書きたしましょう。下に正しい漢字を書きましょう。

#	手本	読み	まちがい		
①	大	おおきい/おお(きい)/ダイ/タイ	文 →		
②	小	ちいさい/こ/お/ショウ	か →		
③	水	みず/スイ	氺 →		
④	木	き/こ/ボク/モク	木 →		
⑤	本	もと/ホン	夲 →		
⑥	休	やす(む)/やす(まる)/やす(める)/キュウ	杁 →		
⑦	火	ひ/カ	从 →		

漢字のまちがい見つけ

手本とくらべてまちがいを見つけ、赤で○をつけましょう。たりないところは、書きたしましょう。下に正しい漢字を書きましょう。

#	手本	よみ	まちがい	→	正しい漢字
①	口	クチ コウ	冂	→	
②	四	よ(つ) よん シ	囗	→	
③	田	た デン	甲	→	
④	力	ちから リョク	フ	→	
⑤	九	ここの ここの(つ) キュウ ク	九	→	
⑥	男	おとこ ダン ナン	男	→	
⑦	町	まち チョウ	町	→	

漢字のまちがい見つけ

A-7

月　日（　）
名前（　　　　　　　　）

手本とくらべてまちがいを見つけ、赤で○をつけましょう。たりないところは、書きたしましょう。下に正しい漢字を書きましょう。

	手本	よみ	まちがい		正しい漢字
①	石	コイシ/イシ	右	→	
②	右	ユウ/みぎ	右	→	
③	名	ミョウ/メイ/な	名	→	
④	夕	セキ/ゆう	夕	→	
⑤	左	サ/ひだり	左	→	
⑥	金	キン/コン/かね/かな	金	→	
⑦	入	いる/いれる/はいる/ニュウ	入	→	

漢字のまちがい見つけ

手本とくらべてまちがいを見つけ、赤で○をつけましょう。たりないところは、書きたしましょう。下に正しい漢字を書きましょう。

	手本	よみ	まちがい	→	正しい漢字
①	日	ひ / ニチ / ジツ	旦	→	
②	白	しろ / しら / しろい / ハク / ビャク	白	→	
③	百	ヒャク	百	→	
④	目	め / モク	日	→	
⑤	見	みる / みえる / みせる / ケン	見	→	
⑥	貝	かい	具	→	
⑦	耳	みみ / ジ	耳	→	

漢字のまちがい見つけ

A-9　　　　　　　　　　　　　　　月　日（　）
　　　　　　　　　　　　　　名前（　　　　　　　　）

手本とくらべてまちがいを見つけ、赤で〇をつけましょう。たりないところは、書きたしましょう。下に正しい漢字を書きましょう。

	手本	読み	まちがい		正しい漢字	
①	田	デン/た	甲	→		
②	中	チュウ/なか	屮	→		
③	早	ソウ/はや(い)/はや(まる)/はや(める)	吉	→		
④	草	ソウ/くさ	艹	→		
⑤	車	シャ/くるま	申	→		
⑥	虫	チュウ/むし	史	→		
⑦	足	ソク/あし/た(りる)/た(る)/た(す)	足	→		

A-10 漢字のまちがい見つけ

月　日（　）
名前（　　　　　　　　）

手本とくらべてまちがいを見つけ、赤で〇をつけましょう。たりないところは、書きたしましょう。下に正しい漢字を書きましょう。

	手本	読み			
①	子	スシこ	子	→	
②	字	ジあざ	字	→	
③	学	ガクまな(ぶ)	学	→	
④	空	クウそらあ(く)あ(ける)	空	→	
⑤	土	ドトつち	士	→	
⑥	赤	セキシャクあか(い)あか(らむ)あか(らめる)	赤	→	
⑦	手	シュて	手	→	

漢字のまちがい見つけ

手本とくらべてまちがいを見つけ、赤で〇をつけましょう。たりないところは、書きたしましょう。下に正しい漢字を書きましょう。

	手本		まちがい	
①	日	ひ / ニチ / ジツ	曱	
②	月	つき / ガツ / ゲツ	冃	
③	円	まる(い) / エン	冄	
④	立	た(つ) / た(てる) / リツ / リュウ	立	
⑤	音	おと / ね / イン / オン	䇺	
⑥	雨	あめ / あま / ウ	雨	
⑦	青	あお / あお(い) / セイ / ショウ	青	

A-12 漢字のまちがい見つけ

月　日（　）
名前（　　　　　　）

手本とくらべてまちがいを見つけ、赤で○をつけましょう。たりないところは、書きたしましょう。下に正しい漢字を書きましょう。

	手本		まちがい	
①	木	ボク・モク き	オ	→
②	林	リン はやし	林	→
③	森	シン もり	森	→
④	竹	チク たけ	竹	→
⑤	下	カ・ゲ した・しも・もと さ(げる)・さ(がる) くだ(る)・くだ(さる) お(ろす)・お(りる)	下	→
⑥	手	シュ て	手	→
⑦	糸	シ いと	糸	→

A-13 漢字のまちがい見つけ

名前（　　　　　　　）
月　日（　）

手本とくらべてまちがいを見つけ、赤で○をつけましょう。たりないところは、書きたしましょう。下に正しい漢字を書きましょう。

	手本	読み	まちがい		正しい漢字
①	林	はやし リン	木木	→	
②	校	コウ	枚	→	
③	村	むら ソン	杓	→	
④	草	くさ ソウ	艹	→	
⑤	花	はな カ	艹	→	
⑥	赤	あか あか(い) あからむ あからめる セキ・シャク	赤	→	
⑦	青	あお あお(い) セイ・ショウ	青	→	

漢字のまちがい見つけ

手本とくらべてまちがいを見つけ、赤で○をつけましょう。たりないところは、書きたしましょう。下に正しい漢字を書きましょう。

	手本	読み	まちがい		正しい漢字
①	矢	シャ	失	→	
②	知	チ・し(る)・し(らせる)	和	→	
③	古	コ・ふる(い)・ふる(す)	吉	→	
④	台	ダイ	台	→	
⑤	少	すく(ない)・すこ(し)・ショウ	心	→	
⑥	歩	ある(く)・あゆ(む)・ホ・ブ・フ	赤	→	
⑦	走	はし(る)・ソウ	走	→	

漢字のまちがい見つけ

B-2

月　日（　　）
名前（　　　　　　　）

手本とくらべてまちがいを見つけ、赤で○をつけましょう。たりないところは、書きたしましょう。下に正しい漢字を書きましょう。

№	手本	読み	まちがい	→	正しい漢字
①	止	と(める) / と(まる)	止	→	
②	正	ただ(しい) / ただ(す) / セイ / ショウ	正	→	
③	午	ゴ	牛	→	
④	牛	ギュウ	午	→	
⑤	半	なか(ば)	半	→	
⑥	手	シュ / て	手	→	
⑦	毛	モウ / け	毛	→	

B-3 漢字のまちがい見つけ

名前（　　　　　　）
月　日（　）

手本とくらべてまちがいを見つけ、赤で〇をつけましょう。たりないところは、書きたしましょう。下に正しい漢字を書きましょう。

① 百 ヒャク → 百

② 自 ジ・みずか(ら) → 自

③ 着 き・つ(く) → 着

④ 道 ドウ・みち → 道

⑤ 夏 ゲ・カ・なつ → 夏

⑥ 買 バイ・か(う) → 買

⑦ 直 ジキ・チョク・なお(す)・なお(る)・ただ(ちに) → 直

漢字のまちがい見つけ

B-4　　　月　日（　）
名前（　　　　　　）

手本とくらべてまちがいを見つけ、赤で○をつけましょう。たりないところは、書きたしましょう。下に正しい漢字を書きましょう。

番号	手本	読み	まちがい	正しい漢字
①	工	コウ	土	
②	土	ド／つち	工	
③	社	シャ／やしろ	社	
④	寺	てら	寺	
⑤	時	ジ／とき	时	
⑥	地	ジ／チ	抛	
⑦	場	ジョウ／ば	場	

106

漢字のまちがい見つけ

B-5

名前（　　　　　　　　）
月　日（　）

手本とくらべてまちがいを見つけ、赤で○をつけましょう。たりないところは、書きたしましょう。下に正しい漢字を書きましょう。

#	手本	読み	まちがい	→		
①	今	いま・コン	今	→		
②	食	く(う)・た(べる)・ショク・ジキ	食	→		
③	合	あ(う)・あ(わす)・あ(わせる)・ゴウ・ガッ	合	→		
④	答	こた(え)・こた(える)・トウ	荅	→		
⑤	谷	たに・コク	谷	→		
⑥	会	あ(う)・カイ・エ	会	→		
⑦	絵	カイ・エ	絵	→		

B-6 漢字のまちがい見つけ

名前（　　　　　　　　　）
月　日（　）

手本とくらべてまちがいを見つけ、赤で〇をつけましょう。たりないところは、書きたしましょう。下に正しい漢字を書きましょう。

	手本	読み	まちがい			
①	前	ぜん まえ	前	→		
②	朝	あさ チョウ	朝	→		
③	明	あ(かり)／あ(ける)／あ(くる)／あ(かす)／あ(かるい)／あき(らか)／メイ・ミョウ	明	→		
④	晴	は(れる)／は(らす)／セイ	晴	→		
⑤	曜	ヨウ	曜	→		
⑥	春	はる シュン	春	→		
⑦	帰	かえ(る)／かえ(す)／キ	帰	→		

漢字のまちがい見つけ

B-7

名前（　　　　　　　　）
月　日（　）

手本とくらべてまちがいを見つけ、赤で○をつけましょう。たりないところは、書きたしましょう。下に正しい漢字を書きましょう。

① 才 サイ　→ 寸

② 岩 がけ　→ 岩

③ 戸 コと　→ 戸

④ 声 セこイえ　→ 声

⑤ 昼 チュひウる　→ 昼

⑥ 原 ゲはンら　→ 原

⑦ 茶 サチャ　→ 茶

B-8 漢字のまちがい見つけ

月　日（　）
名前（　　　　　　　　）

手本とくらべてまちがいを見つけ、赤で〇をつけましょう。たりないところは、書きたしましょう。下に正しい漢字を書きましょう。

#	手本	読み	まちがい
①	体	からだ・タイ	林 →
②	作	サク・つく(る)	㐌 →
③	何	なに・なん・カ	何 →
④	歌	うた・うた(う)・カ	歌 →
⑤	行	い(く)・おこな(う)・ギョウ・コウ	行 →
⑥	後	あと・のち・うし(ろ)・ゴ・コウ	後 →
⑦	太	ふと(い)・ふと(る)・タイ	太 →

B-9 漢字のまちがい見つけ

名前（　　　　　　）　月　日（　）

手本とくらべてまちがいを見つけ、赤で○をつけましょう。たりないところは、書きたしましょう。下に正しい漢字を書きましょう。

	手本	読み	まちがい			
①	早	はや(い) はや(まる) はや(める) ソウ サッ	甲	→		
②	朝	あさ チョウ	胛	→		
③	車	くるま シャ	車	→		
④	東	ひがし トウ	柬	→		
⑤	親	おや した(しい) した(しむ) シン	槻	→		
⑥	新	あたら(しい) あら(た) にい シン	靳	→		
⑦	近	ちか(い) キン	近	→		

B-10 漢字のまちがい見つけ

名前（　　　　　　　）
月　日（　　）

手本とくらべてまちがいを見つけ、赤で○をつけましょう。たりないところは、書きたしましょう。下に正しい漢字を書きましょう。

#	手本	読み	まちがい字		
①	兄	あに キョウ	兄 →		
②	元	もと ゲン	元 →		
③	北	きた ホク	北 →		
④	売	う(る) う(れる) バイ	売 →		
⑤	声	こえ セイ	声 →		
⑥	光	ひかり ひか(る) コウ	光 →		
⑦	当	あ(てる) あ(たる) トウ	当 →		

漢字のまちがい見つけ

B-11

月　日（　）
名前（　　　　　　　）

手本とくらべてまちがいを見つけ、赤で〇をつけましょう。たりないところは、書きたしましょう。下に正しい漢字を書きましょう。

① 米　こめ　→ 米
② 来　きた(る)／きた(す)／く(る)／ライ　→ 来
③ 冬　ふゆ／トウ　→ 冬
④ 麦　むぎ／バク　→ 麦
⑤ 夏　なつ／カ・ゲ　→ 夏
⑥ 後　のち・あと／うし(ろ)／ゴ・コウ　→ 後
⑦ 友　とも／ユウ　→ 友

B-12 漢字のまちがい見つけ

名前（　　　　　　　）
月　日（　）

手本とくらべてまちがいを見つけ、赤で○をつけましょう。たりないところは、書きたしましょう。下に正しい漢字を書きましょう。

	手本	読み	まちがい		正しい漢字
①	広	ひろ(い) / ひろ(まる) / ひろ(める) / ひろ(がる) / ひろ(げる) / コウ	広	→	
②	店	テン / みせ	店	→	
③	点	テン	点	→	
④	魚	ギョ / さかな	魚	→	
⑤	馬	バ / うま	馬	→	
⑥	鳥	チョウ / とり	鳥	→	
⑦	鳴	な(く) / な(る) / な(らす) / メイ	鳴	→	

漢字のまちがい見つけ

手本とくらべてまちがいを見つけ、赤で〇をつけましょう。たりないところは、書きたしましょう。下に正しい漢字を書きましょう。

	手本	読み	まちがい		正しい漢字
①	母	はは・ボ	母	→	
②	母	マイ	母	→	
③	海	うみ・カイ	海	→	
④	内	うち・ダイ・ナイ	内	→	
⑤	肉	ニク	肉	→	
⑥	同	おな(じ)・ドウ	同	→	
⑦	南	みなみ・ナン	南	→	

漢字のまちがい見つけ

B-14

名前（　　　　　　　　）
月　日（　）

手本とくらべてまちがいを見つけ、赤で○をつけましょう。たりないところは、書きたしましょう。下に正しい漢字を書きましょう。

	手本	読み	まちがい	→	正しい字
①	室	シツ	室	→	
②	家	カ/いえ/や	家	→	
③	雪	セツ/ゆき	雪	→	
④	雲	ウン/くも	雲	→	
⑤	電	デン	電	→	
⑥	答	トウ/こた(える)/こた(え)	答	→	
⑦	算	サン	算	→	

B-15 漢字のまちがい見つけ

月　日（　　）
名前（　　　　　　　　　）

手本とくらべてまちがいを見つけ、赤で〇をつけましょう。たりないところは、書きたしましょう。下に正しい漢字を書きましょう。

#	手本	読み	まちがい		
①	父	ちち	父	→	
②	交	まじ(わる)／まじ(える)／まじ(る)／ま(じる)／ま(ざる)／ま(ぜる)／か(う)・か(わす)／コウ	交	→	
③	高	たか(い)／たか／たか(まる)／たか(める)／コウ	高	→	
④	京	ケイ／キョウ	京	→	
⑤	夜	ヤ／よる	夜	→	
⑥	市	シ／いち	市	→	
⑦	姉	シ／あね	姉	→	

B-16 漢字のまちがい見つけ

月　日（　　）
名前（　　　　　　　　　）

手本とくらべてまちがいを見つけ、赤で○をつけましょう。たりないところは、書きたしましょう。下に正しい漢字を書きましょう。

	手本	読み	まちがい			
①	万	バン マン	万	→		
②	方	ホウ かた	方	→		
③	刀	トウ かたな	刀	→		
④	切	き(る) き(れる) セツ サイ	切	→		
⑤	分	わ(ける) わ(かれる) わ(かる) わ(かつ) ブ・プン	分	→		
⑥	公	コウ おおやけ	公	→		
⑦	船	セン ふね ふな	船	→		

漢字のまちがい見つけ

B-17　月　日（　）
名前（　　　　　　）

手本とくらべてまちがいを見つけ、赤で○をつけましょう。たりないところは、書きたしましょう。下に正しい漢字を書きましょう。

① 星（ほし／セイ） → 星
② 里（さと／リ） → 里
③ 黒（くろ／くろ(い)） → 黒
④ 理（リ） → 理
⑤ 野（の／ヤ） → 野
⑥ 用（もち(いる)／ヨウ） → 用
⑦ 通（とお(る)／とお(す)／かよ(う)） → 通

漢字のまちがい見つけ

月　日（　　）
名前（　　　　　　　　　　）

手本とくらべてまちがいを見つけ、赤で○をつけましょう。たりないところは、書きたしましょう。下に正しい漢字を書きましょう。

	手本	読み	まちがい	→		
①	弓	ゆみ キュウ	ら	→		
②	弟	おとうと テイ・ダイ	弟	→		
③	引	ひ(く) ひ(ける) イン	引	→		
④	強	つよ(い) つよ(まる) つよ(める) し(いる) キョウ・ゴウ	強	→		
⑤	風	かぜ かざ フウ	風	→		
⑥	弱	よわ(い) よわ(る) よわ(まる) よわ(める) ジャク	弱	→		
⑦	羽	は はね ウ	羽	→		

B-19 漢字のまちがい見つけ

名前（　　　　　　　　　）
月　日（　）

手本とくらべてまちがいを見つけ、赤で○をつけましょう。たりないところは、書きたしましょう。下に正しい漢字を書きましょう。

	手本	読み	まちがい		正しい漢字
①	言	いう／コトバ	言	→	
②	計	はかる／はからう／ケイ	訃	→	
③	記	しるす／キ	訅	→	
④	話	はなす／はなし／ワ	詰	→	
⑤	語	かたる／かたらう／ゴ	訨	→	
⑥	読	よむ／ドク／トウ	読	→	
⑦	売	うる／うれる／バイ	売	→	

121

漢字のまちがい見つけ

手本とくらべてまちがいを見つけ、赤で〇をつけましょう。たりないところは、書きたしましょう。下に正しい漢字を書きましょう。

	手本	読み	まちがい		正しい漢字
①	地	ジ チ	地	→	
②	池	チ いけ	池	→	
③	活	カツ	活	→	
④	話	ワ はなし はな(す)	話	→	
⑤	海	カイ うみ	海	→	
⑥	汽	キ	汽	→	
⑦	気	ケ キ	気	→	

B-21 漢字のまちがい見つけ

月　日（　）
名前（　　　　　　　　）

手本とくらべてまちがいを見つけ、赤で○をつけましょう。たりないところは、書きたしましょう。下に正しい漢字を書きましょう。

	手本	よみ	まちがい		正しい漢字
①	西	サイ・にし	西	→	
②	画	ガ・カク	画	→	
③	黄	オウ・き	黄	→	
④	用	ヨウ・もち(いる)	用	→	
⑤	角	カク・かど・つの	角	→	
⑥	色	シキ・ショク・いろ	色	→	
⑦	魚	ギョ・うお・さかな	魚	→	

漢字のまちがい見つけ

B-22　　名前（　　　　　　　）　月　日（　）

手本とくらべてまちがいを見つけ、赤で○をつけましょう。たりないところは、書きたしましょう。下に正しい漢字を書きましょう。

	手本	読み	まちがい	→	正しい漢字
①	込	こむ	込	→	
②	思	おもう	思	→	
③	道	みち・ドウ	道	→	
④	通	とおる・とおす・かよう・ツウ	通	→	
⑤	週	シュウ	週	→	
⑥	近	ちかい・キン	近	→	
⑦	遠	とおい・エン	遠	→	

漢字のまちがい見つけ

B-23

月　日（　　）
名前（　　　　　　　　　）

手本とくらべてまちがいを見つけ、赤で〇をつけましょう。たりないところは、書きたしましょう。下に正しい漢字を書きましょう。

① 姉　あね（シ）→ 姉
② 妹　いもうと（マイ）→ 妹
③ 線　セン → 線
④ 楽　ガク・ラク・たのしい・たのしむ → 楽
⑤ 書　かく（ショ）→ 書
⑥ 弟　おとうと（テイ・ダイ・デ）→ 弟
⑦ 丸　まる・まる(い)・まる(める)・ガン → 丸

漢字のまちがい見つけ

B-24

月　日（　）
名前（　　　　　　　）

手本とくらべてまちがいを見つけ、赤で○をつけましょう。たりないところは、書きたしましょう。下に正しい漢字を書きましょう。

#	手本	読み	まちがい	正しい漢字
①	細	ほそ(い)／ほそ(る)／こま(か)／こま(かい)／サイ	細	
②	組	く(む)／くみ／ソ	組	
③	絵	カイ／エ	絵	
④	紙	かみ／シ	紙	
⑤	線	セン	線	
⑥	秋	あき／シュウ	秋	
⑦	科	カ	科	

漢字のまちがい見つけ

手本とくらべてまちがいを見つけ、赤で○をつけましょう。たりないところは、書きたしましょう。下に正しい漢字を書きましょう。

#	手本	読み	まちがい		正しい漢字
①	回	まわ(る)　まわ(す)　カイ	回	→	
②	国	くに　コク	国	→	
③	図	ズ　ト　はか(る)	図	→	
④	園	その　エン	園	→	
⑤	門	かど　モン	門	→	
⑥	間	あいだ　ま　カン　ケン	間	→	
⑦	聞	き(く)　き(こえる)　ブン　モン	聞	→	

漢字のまちがい見つけ

B-26　　　　　　　　　　　　月　日（　）
　　　　　　　　　　　　　　名前（　　　　　　　）

手本とくらべてまちがいを見つけ、赤で○をつけましょう。たりないところは、書きたしましょう。下に正しい漢字を書きましょう。

	手本	読み	まちがい	→		
①	外	そと・ほか・はず(す)・はず(れる)・ガイ・ゲ	夘	→		
②	多	おお(い)・タ	夛	→		
③	考	かんが(える)・コウ	考	→		
④	教	おし(える)・おそ(わる)・キョウ	敎	→		
⑤	数	かぞ(える)・かず・スウ	数	→		
⑥	番	バン	番	→		
⑦	帰	かえ(る)・かえ(す)・キ	帰	→		

漢字のまちがい見つけ

手本とくらべてまちがいを見つけ、赤で○をつけましょう。たりないところは、書きたしましょう。下に正しい漢字を書きましょう。

	手本	読み	まちがい		正しい漢字
①	長	なが(い)／チョウ	長	→	
②	書	か(く)／ショ	書	→	
③	風	かぜ／フウ	風	→	
④	形	かたち／ギョウ・ケイ	形	→	
⑤	顔	かお／ガン	顔	→	
⑥	頭	あたま・かしら／トウ・ズ	頭	→	
⑦	曜	ヨウ	曜	→	

漢字のまちがい見つけ

月　日（　　）
名前（　　　　　　　　　）

手本とくらべてまちがいを見つけ、赤で○をつけましょう。たりないところは、書きたしましょう。下に正しい漢字を書きましょう。

	手本	読み	まちがい	→		
①	皿	さら	皿	→		
②	血	ケチ／ツ	血	→		
③	曲	ま(がる)／ま(げる)／キョク	曲	→		
④	農	ノウ	農	→		
⑤	由	ユ／ユウ	田	→		
⑥	油	あぶら／ユ	油	→		
⑦	笛	ふえ／テキ	苗	→		

漢字のまちがい見つけ

名前（　　　　　　　　）
月　日（　）

手本とくらべてまちがいを見つけ、赤で○をつけましょう。たりないところは、書きたしましょう。下に正しい漢字を書きましょう。

① 顔　かお →
② 頭　あたま・ズツウ →
③ 題　ダイ →
④ 馬　うま・バ →
⑤ 駅　エキ →
⑥ 鳥　とり・チョウ →
⑦ 島　しま・トウ →

漢字のまちがい見つけ

手本とくらべてまちがいを見つけ、赤で○をつけましょう。たりないところは、書きたしましょう。下に正しい漢字を書きましょう。

① 客 キャク
② 実 ジツ・み(のる)
③ 定 さだ(める)・さだ(まる)・さだ(か)・テイ・ジョウ
④ 宮 みや・グウ・キュウ・ク
⑤ 宿 やど・やど(る)・やど(す)・シュク
⑥ 究 きわ(める)・キュウ
⑦ 写 うつ(す)・うつ(る)・シャ

漢字のまちがい見つけ

月　日（　　）
名前（　　　　　　　　）

手本とくらべてまちがいを見つけ、赤で○をつけましょう。たりないところは、書きたしましょう。下に正しい漢字を書きましょう。

	手本	読み		
①	主	シュ・ぬし・おも	主 →	
②	住	ジュウ・す(む)・す(まう)	住 →	
③	注	チュウ・そそ(ぐ)	注 →	
④	柱	チュウ・はしら	柱 →	
⑤	放	ホウ・はな(す)・はな(つ)・はな(れる)	放 →	
⑥	族	ゾク	族 →	
⑦	旅	リョ・たび	旅 →	

漢字のまちがい見つけ

手本とくらべてまちがいを見つけ、赤で○をつけましょう。たりないところは、書きたしましょう。下に正しい漢字を書きましょう。

	手本	読み	まちがい	→	正しい漢字
①	息	ソク・イキ	息	→	
②	急	いそ(ぐ)・キュウ	急	→	
③	悪	わる(い)・アク	悪	→	
④	感	カン	感	→	
⑤	悲	かな(しい)・かな(しむ)・ヒ	悲	→	
⑥	音	イン	音	→	
⑦	暗	くら(い)・アン	晴	→	

漢字のまちがい見つけ

手本とくらべてまちがいを見つけ、赤で○をつけましょう。たりないところは、書きたしましょう。下に正しい漢字を書きましょう。

	手本	読み	まちがい	→	正しい漢字
①	相	ショウあい	相	→	
②	想	ソウ	想	→	
③	箱	はこ	箱	→	
④	弟	テイダイおとうと	弟	→	
⑤	第	ダイ	第	→	
⑥	笛	テキふえ	笛	→	
⑦	筆	ヒツふで	筆	→	

漢字のまちがい見つけ

手本とくらべてまちがいを見つけ、赤で○をつけましょう。たりないところは、書きたしましょう。下に正しい漢字を書きましょう。

	手本	読み	まちがい	
①	反	そ(る)／そ(らす)／ハン・ホン	反	→
②	坂	さか／ハン	坂	→
③	板	いた／ハン・バン	板	→
④	返	かえ(す)／かえ(る)／ヘン	返	→
⑤	院	イン	院	→
⑥	階	カイ	階	→
⑦	習	なら(う)／シュウ	習	→

C-8 漢字のまちがい見つけ

名前（　　　　　　　　）　月　日（　）

手本とくらべてまちがいを見つけ、赤で○をつけましょう。たりないところは、書きたしましょう。下に正しい漢字を書きましょう。

① 氷　ヒョウ（こおり）　→　水
② 泳　エイ（およぐ）　→　泳
③ 球　キュウ（たま）　→　球
④ 式　シキ　→　式
⑤ 感　カン　→　感
⑥ 代　ダイ・タイ（かわる・かえる）　→　伐
⑦ 州　シュウ　→　州

漢字のまちがい見つけ

月　日（　）
名前（　　　　　　）

手本とくらべてまちがいを見つけ、赤で○をつけましょう。たりないところは、書きたしましょう。下に正しい漢字を書きましょう。

	手本	読み	まちがい		正しい漢字
①	重	おも(い)／かさ(ねる)／かさ(なる)／ジュウ／チョウ	重	→	
②	動	うご(く)／うご(かす)／ドウ	動	→	
③	表	おもて／あらわ(す)／あらわ(れる)／ヒョウ	表	→	
④	安	やす(い)／アン	安	→	
⑤	始	はじ(める)／はじ(まる)／シ	始	→	
⑥	委	イ	委	→	
⑦	秒	ビョウ	秒	→	

漢字のまちがい見つけ

手本とくらべてまちがいを見つけ、赤で○をつけましょう。たりないところは、書きたしましょう。下に正しい漢字を書きましょう。

	手本	読み	まちがい	→	正しい漢字
①	場	ジョウ／ば	場	→	
②	湯	トウ／ゆ	湯	→	
③	陽	ヨウ	陽	→	
④	物	ブツ／モツ／もの	物	→	
⑤	者	シャ／もの	者	→	
⑥	暑	ショ／あつ(い)	暑	→	
⑦	都	ツ／ト／みやこ	都	→	

漢字のまちがい見つけ

名前（　　　　　）
月　日（　）

手本とくらべてまちがいを見つけ、赤で○をつけましょう。たりないところは、書きたしましょう。下に正しい漢字を書きましょう。

	手本	読み	まちがい	
①	化	ば(ける)　カ	仕	→
②	仕	シ　つか(える)	什	→
③	予	ヨ	予	→
④	動	ドウ　うご(く)　うご(かす)	動	→
⑤	助	ジョ　たす(ける)　たす(かる)　すけ	助	→
⑥	勉	ベン	免	→
⑦	勝	ショウ　か(つ)　まさ(る)	勝	→

漢字のまちがい見つけ

C-12

月　日（　）
名前（　　　　　　　）

> 手本とくらべてまちがいを見つけ、赤で○をつけましょう。たりないところは、書きたしましょう。下に正しい漢字を書きましょう。

	手本	読み	まちがい	正しい漢字
①	時	ジ とき	時 →	
②	持	ジ も(つ)	特 →	
③	待	タイ ま(つ)	待 →	
④	等	トウ ひと(しい)	䒭 →	
⑤	詩	シ	詩 →	
⑥	調	チョウ しら(べる) ととの(う) ととの(える)	調 →	
⑦	談	ダン	談 →	

漢字のまちがい見つけ

手本とくらべてまちがいを見つけ、赤で○をつけましょう。たりないところは、書きたしましょう。下に正しい漢字を書きましょう。

	手本	読み	まちがい		正しい漢字
①	開	ひら(く)／ひら(ける)／あ(く)／あ(ける)／カイ	開	➡	
②	問	と(う)／と(い)／モン	問	➡	
③	味	あじ／あじ(わう)／ミ	味	➡	
④	命	いのち／メイ／ミョウ	命	➡	
⑤	品	しな／ヒン	品	➡	
⑥	倍	バイ	倍	➡	
⑦	局	キョク	局	➡	

C-14 漢字のまちがい見つけ

名前（　　　　　　　　）
月　日（　　）

手本とくらべてまちがいを見つけ、赤で○をつけましょう。たりないところは、書きたしましょう。下に正しい漢字を書きましょう。

	手本	読み	まちがい	→		
①	島	しま	鳥	→		
②	岸	きし	岸	→		
③	成	なる	成	→		
④	談	ダン	談	→		
⑤	畑	はたけ	畑	→		
⑥	進	すす(む)/すす(める)/シン	進	→		
⑦	集	あつ(まる)/あつ(める)/つど(う)/シュウ	集	→		

漢字のまちがい見つけ

月　日（　　）
名前（　　　　　　　　　）

手本とくらべてまちがいを見つけ、赤で〇をつけましょう。たりないところは、書きたしましょう。下に正しい漢字を書きましょう。

#	手本	読み	まちがい		
①	送	おく(る) ソウ	送 →		
②	進	すす(む) すす(める) シン	進 →		
③	遊	あそ(ぶ) ユウ	遊 →		
④	追	お(う) ツイ	追 →		
⑤	速	はや(い) はや(める) すみ(やか) ソク	速 →		
⑥	整	ととの(える) ととの(う) セイ	整 →		
⑦	放	はな(す) はな(つ) はな(れる) ホウ	放 →		

C-16 漢字のまちがい見つけ

月　日（　）
名前（　　　　　　　　）

手本とくらべてまちがいを見つけ、赤で○をつけましょう。たりないところは、書きたしましょう。下に正しい漢字を書きましょう。

	手本	読み	まちがい	→	正しい漢字
①	貝	イン	貝	→	
②	負	ま(ける)/ま(かす)/お(う)	免	→	
③	湖	コ/みずうみ	湖	→	
④	有	ユウ/あ(る)	有	→	
⑤	育	イク/そだ(つ)/そだ(てる)	育	→	
⑥	期	キ/ゴ	期	→	
⑦	服	フク	服	→	

漢字のまちがい見つけ

月　日（　）
名前（　　　　　　　）

手本とくらべてまちがいを見つけ、赤で○をつけましょう。たりないところは、書きたしましょう。下に正しい漢字を書きましょう。

	手本	読み	まちがい			
①	酒	シュ さけ	洒	→		
②	配	ハイ くば(る)	酡	→		
③	起	キ お(きる) お(こる) お(こす)	起	→		
④	港	コウ みなと	港	→		
⑤	漢	カン	漢	→		
⑥	温	オン あたた(か) あたた(かい) あたた(まる) あたた(める)	温	→		
⑦	昔	セキ シャク むかし	昔	→		

C-18 漢字のまちがい見つけ

手本とくらべてまちがいを見つけ、赤で○をつけましょう。たりないところは、書きたしましょう。下に正しい漢字を書きましょう。

	手本	読み	まちがい	→		
①	具	グ	且	→		
②	県	ケン	旦	→		
③	真	シン／ま	見	→		
④	植	ショク／う(える)/う(わる)	柿	→		
⑤	着	チャク／き(る)/き(せる)/つ(く)/つ(ける)	着	→		
⑥	美	ビ／うつく(しい)	美	→		
⑦	集	シュウ／あつ(まる)/あつ(める)/つど(う)	集	→		

漢字のまちがい見つけ

手本とくらべてまちがいを見つけ、赤で○をつけましょう。たりないところは、書きたしましょう。下に正しい漢字を書きましょう。

	手本	読み	まちがい	→		
①	申	もうす(す) しん	由	→		
②	神	かみ じんじゃ しんこう	神	→		
③	福	フク	福	→		
④	礼	レイ ライ	礼	→		
⑤	館	カン	館	→		
⑥	飲	のむ(む) イン	飲	→		
⑦	次	つぎ ジ(シ)	次	→		

漢字のまちがい見つけ

C-20

月　日（　　）
名前（　　　　　　　　）

手本とくらべてまちがいを見つけ、赤で○をつけましょう。たりないところは、書きたしましょう。下に正しい漢字を書きましょう。

	手本	よみ	まちがい	→	正しい字
①	荷	カ・に	荷	→	
②	苦	くる(しい)／くる(しむ)／にが(い)／にが(る)	苦	→	
③	落	お(ちる)／お(とす)／ラク	落	→	
④	楽	たの(しい)／たの(しむ)／ガク／ラク	楽	→	
⑤	薬	くすり／ヤク	薬	→	
⑥	世	セ・セイ・よ	世	→	
⑦	葉	は／ヨウ	葉	→	

漢字のまちがい見つけ

手本とくらべてまちがいを見つけ、赤で○をつけましょう。たりないところは、書きたしましょう。下に正しい漢字を書きましょう。

① 羊（ひつじ・ヨウ） → 羊
② 洋（ヨウ） → 洋
③ 様（さま・ヨウ） → 様
④ 事（こと・ジ） → 事
⑤ 丁（テイ・チョウ） → 十
⑥ 打（ダ・う(つ)） → 打
⑦ 平（たいら・ひら・ヘイ・ビョウ） → 平

漢字のまちがい見つけ

手本とくらべてまちがいを見つけ、赤で○をつけましょう。たりないところは、書きたしましょう。下に正しい漢字を書きましょう。

① 業 ギョウ
② 界 カイ
③ 央 オウ
④ 守 シュ／まも(る)
⑤ 対 ツイ／タイ
⑥ 寒 カン／さむ(い)
⑦ 終 シュウ／お(わる)／お(える)

漢字のまちがい見つけ

手本とくらべてまちがいを見つけ、赤で○をつけましょう。たりないところは、書きたしましょう。下に正しい漢字を書きましょう。

	手本	読み	まちがい			
①	運	はこ(ぶ)・ウン	運	→		
②	軽	かる(い)・かろ(やか)・ケイ	軽	→		
③	庫	コ	庫	→		
④	転	ころ(がる)・ころ(げる)・ころ(がす)・ころ(ぶ)・テン	転	→		
⑤	黄	き・オウ	黄	→		
⑥	横	よこ・オウ	横	→		
⑦	橋	はし・キョウ	橋	→		

漢字のまちがい見つけ

手本とくらべてまちがいを見つけ、赤で○をつけましょう。たりないところは、書きたしましょう。下に正しい漢字を書きましょう。

	手本	読み	まちがい	→	正しい漢字
①	歯	は	歯	→	
②	鼻	はな／ぢはな	鼻	→	
③	面	おもて／めん／つら	面	→	
④	両	リョウ	両	→	
⑤	去	キョ(る)／コ	去	→	
⑥	幸	さいわ(い)／しあわ(せ)／さち／コウ	幸	→	
⑦	身	み／シン	身	→	

漢字のまちがい見つけ

C-25

名前（　　　　　　　）
月　日（　）

手本とくらべてまちがいを見つけ、赤で○をつけましょう。たりないところは、書きたしましょう。下に正しい漢字を書きましょう。

① 昭 ショウ　→ 昭
② 商 あきな(う)／ショウ　→ 商
③ 路 ロ／じ　→ 路
④ 客 キャク　→ 客
⑤ 落 お(ちる)／お(とす)／ラク　→ 落
⑥ 研 と(ぐ)／ケン　→ 研
⑦ 帳 チョウ　→ 帳

漢字のまちがい見つけ

C-26　月　日（　）
名前（　　　　　　　）

手本とくらべてまちがいを見つけ、赤で○をつけましょう。たりないところは、書きたしましょう。下に正しい漢字を書きましょう。

① 役 エキ / ヤク　→　役
② 投 ト / な(げる)　→　投
③ 指 シ / ゆび(さす)　→　指
④ 拾 シュウ / ひろ(う)　→　拾
⑤ 童 ドウ / わらべ　→　童
⑥ 章 ショウ　→　章
⑦ 部 ブ　→　部

漢字のまちがい見つけ

手本とくらべてまちがいを見つけ、赤で○をつけましょう。たりないところは、書きたしましょう。下に正しい漢字を書きましょう。

	手本	読み	まちがい	→	正しい漢字
①	取	と(る)　シュ	取	→	
②	受	う(ける)　う(かる)　ジュ	受	→	
③	祭	まつ(る)　まつ(り)　サイ	祭	→	
④	軽	かる(い)　かろ(やか)　ケイ	軽	→	
⑤	度	ド　たび	度	→	
⑥	庭	テイ　にわ	庭	→	
⑦	級	キュウ	級	→	

漢字のまちがい見つけ

C-28

月　日（　）
名前（　　　　　　　　）

手本とくらべてまちがいを見つけ、赤で○をつけましょう。たりないところは、書きたしましょう。下に正しい漢字を書きましょう。

① 地　ジ チ　　→

② 池　チ いけ　→

③ 他　タ　　　→

④ 係　ケイ かかる　→

⑤ 使　シ つかう　→

⑥ 級　キュウ　→

⑦ 緑　リョク みどり　→

157

漢字のまちがい見つけ

手本とくらべてまちがいを見つけ、赤で○をつけましょう。たりないところは、書きたしましょう。下に正しい漢字を書きましょう。

#	手本	読み	まちがい		正しい漢字
①	和	やわ(らぐ)／やわ(らげる)／なご(む)／なご(やか)／ワ	知	→	
②	号	ゴウ	号	→	
③	君	クン／きみ	君	→	
④	向	む(く)／む(ける)／む(かう)／む(こう)／コウ	向	→	
⑤	路	ロ／じ	路	→	
⑥	所	ショ／ところ	所	→	
⑦	屋	オク／や	屋	→	

C-30 漢字のまちがい見つけ

月　日（　　）
名前（　　　　　　　　）

手本とくらべてまちがいを見つけ、赤で○をつけましょう。たりないところは、書きたしましょう。下に正しい漢字を書きましょう。

① 鉄　テツ　　鉄 →
② 銀　ギン　　銀 →
③ 根　コン　　根 →
④ 全　ゼン/まった（く）　金 →
⑤ 緑　リョク/みどり　緑 →
⑥ 練　レン/ね（る）　練 →
⑦ 乗　ジョウ/の（る）/の（せる）　乗 →

漢字のまちがい見つけ

C-31

月　日（　　）
名前（　　　　　　　　）

手本とくらべてまちがいを見つけ、赤で○をつけましょう。たりないところは、書きたしましょう。下に正しい漢字を書きましょう。

#	手本	読み	まちがい	正しい漢字
①	列	レツ	刋	
②	死	シ(ぬ)	夘	
③	病	ヤ(む)・ビョウ	疠	
④	乗	の(る)・の(せる)・ジョウ	乗	
⑤	事	ジ・こと	事	
⑥	業	わざ・ギョウ	業	
⑦	筆	ふで・ヒツ	筆	

漢字のまちがい見つけ

手本とくらべてまちがいを見つけ、赤で○をつけましょう。たりないところは、書きたしましょう。下に正しい漢字を書きましょう。

#	手本	よみ	まちがい	
①	医	イ	医	→
②	区	ク	刄	→
③	豆	ズ・トウ・まめ	豆	→
④	短	タン・みじか(い)	短	→
⑤	登	トウ・のぼ(る)	登	→
⑥	発	ハツ	発	→
⑦	族	ゾク	族	→

漢字のまちがい見つけ

C-33
月　日（　）
名前（　　　　　　）

手本とくらべてまちがいを見つけ、赤で○をつけましょう。たりないところは、書きたしましょう。下に正しい漢字を書きましょう。

№	手本	読み	まちがい
①	皮	ヒ／かわ	反 →
②	波	ハ／なみ	波 →
③	流	リュウ／なが(れる)／なが(す)	流 →
④	港	コウ／みなと	港 →
⑤	深	シン／ふか(い)／ふか(まる)／ふか(める)	深 →
⑥	消	ショウ／き(える)／け(す)	消 →
⑦	決	ケツ／き(める)／き(まる)	決 →

PROFILE

● 笘廣　みさき（TOMAHIRO　MISAKI）
一般社団法人　発達支援ルーム　まなび　理事

堺市教育委員会　特別支援教育環境整備事業「発達障害等専門家派遣事業担当」「通級指導教室担当者研修担当」／大阪狭山市巡回相談員／元堺市通級指導教室担当
・特別支援教育士スーパーバイザー／学校心理士

［所属学会・研究会］
日本LD学会／大阪S・E・N・Sの会　運営委員／堺市LD研究会代表

［主な編著書］
『「子どもの学ぶ力を引き出す」個別指導と教材活用』（共著）、
『漢字の基礎を育てる形・音・意味ワークシート①　空間認知編／②漢字の形・読み編／③漢字の読み・意味編／④漢字の形・読み編（4～6年）』（共著）かもがわ出版

● 今村　佐智子（IMAMURA　SACHIKO）
一般社団法人　発達支援ルーム　まなび　理事

堺市教育委員会　特別支援教育環境整備事業「発達障害等専門家派遣事業担当」「通級指導教室担当者研修担当」／八尾市教育センター通級指導員／大阪市ペアレント・トレーニング講師／元堺市通級指導教室担当
・特別支援教育士スーパーバイザー／臨床発達心理士

［所属学会・研究会］
日本LD学会／大阪S・E・N・Sの会　運営委員／堺市LD研究会副代表

［主な編著書］
『「子どもの学ぶ力を引き出す」個別指導と教材活用』（共著）、
『漢字の基礎を育てる形・音・意味ワークシート①　空間認知編／②漢字の形・読み編／③漢字の読み・意味編／④漢字の形・読み編（4～6年）』（共著）かもがわ出版

制作協力スタッフ●今村裕香、里見優介

漢字の基礎を育てる形・音・意味ワークシート②〈漢字の形・読み編〉
漢字さがし・漢字のまちがい見つけ（1～3年）

2017年4月30日　　第1刷発行
2023年3月7日　　第7刷発行

編　著／ⓒ発達支援ルーム　まなび
　　　　笘廣みさき・今村佐智子

発行者／竹村正治

発行所／株式会社　かもがわ出版
〒602-8119　京都市上京区堀川通出水西入
☎075(432)2868　FAX 075(432)2869
振替　01010-5-12436

印　刷／シナノ書籍印刷株式会社

ISBN978-4-7803-0913-3 C0037　　　　Printed in Japan

発達支援ルーム　まなび

　発達に偏りがある幼児や児童に対して、アセスメントをもとに個々の特性に配慮した学習支援やコミュニケーション能力の向上のためのソーシャルスキルトレーニングをおこない、また保護者に対しても適切な支援のあり方についての助言をおこなうことを目的としています。

大切にしたいこと
- 楽しく学び、わかる喜びを感じる
- 自分の学び方を知ることで、学ぶ意欲を育てる
- 「わかる」「できる」を積み重ね、自尊感情を高める

発達特性を知るために
- 親子面談を通じて、得意なこと・苦手なことを整理していきます
- 読み書きや計算のスクリーニング検査を実施し、つまずきの現状を把握します
- 必要に応じて心理発達検査等をおこない、発達特性やつまずきの要因を明らかにします

指導にあたって
- 特性に応じた指導計画を立てます
- 指導計画に沿って指導をおこない、目標達成をめざします
- 保護者と個人懇談をおこない、成長と次の目標を確認します

■**目標**：発達や特性に応じた学習指導を目標にしています。一人ひとりの児童生徒の認知特性を考慮し、学習上の困難を整理し、得意なところを活かして、少人数での学習を支援します。

■**教育内容**：
- 学習支援〈少人数指導〉
- ソーシャルスキルトレーニング（SST）〈グループ指導〉
- ペアレント・トレーニング（PT）〈5～8人程度のグループ〉

一般社団法人　発達支援ルーム まなび
〒589-0023　大阪府大阪狭山市大野台 5-16-2
TEL：072-220-8359　FAX：072-220-8359
Email：manabi@zeus.eonet.ne.jp

漢字の基礎を育てる 形・音・意味ワークシート①

空間認知●編 (点つなぎ・図形模写)

発達支援ルーム まなび
笘廣みさき・今村佐智子／編著

本体1800円　136ページ　978-4-7803-0896-9　C0037

　漢字には、「形」「音」「意味」の3つの要素があります。まず、そのうちのどこにつまずきがあるのか原因を探ります。このワークシートでは、形をとらえるために大切な「空間認知力」を育てます。さらに形を記憶する練習もします。

「点つなぎ」／見本を見て、点をつないで形を書く。

●3×3、4×4、5×5、5×9の点をつないでいく

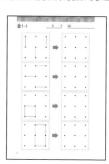 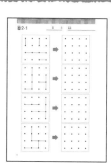 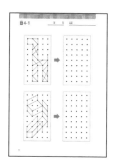

「図形模写」／見本を見て、形を写す。

●縦、横、斜め、交差、曲線などの入った図形を写す

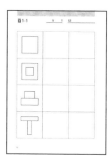  

特別支援教育のカード教材

意味からおぼえる
漢字イラストカード

小1〜小6

WHAT's 漢字イラストカード

LDなどの発達障害に多い「漢字が書けない」「書けるけれども細部を間違える」「読めるけれども書けない」といった子どものために開発されたカード教材です。
イラストを使った教材なので、これから漢字を習う子どもの学習にも使用できます。

山田 充●著

1年生・2年生上・2年生下ともに　本体2800円　／　3年生 上・下　本体3400円　／　4年生〜6年生　本体4800円

文部科学省が規定した教育漢字は、1年生 80 字、2年生 160 字、3年生 200 字あります。このカードは各学年の漢字に対応するため、1年生、2年生上・下が各80枚、3年生上・下は各100枚のカード（A6サイズ：10.5×14.8cm）が専用の箱に入ってます。裏には、書き順、画数、読み、熟語、短文などもあり予習、復習にも便利です。利用のためのアドバイスブック（A5判変型・8ページ）付き。

あそびっくす！まなびっくす！

楽しく学べるコミュニケーション & ソーシャルスキルベーシックゲーム

 What's　発達やコミュニケーションに課題をもつ子のために開発された特別支援教育のカード教材。5種類、計242枚のカードを使って、発達の課題ごとに7つのゲームが楽しめます。

箱のサイズ：187×150×46　　本体3800円

安住ゆう子●著

かなかな ほら パズルゲーム　読み書き支援付

山田 充●著　■カードサイズ　たて95×よこ60mm　■箱サイズ　187×150×46mm　　本体2800円

SSTワークシート ソーシャルスキルトレーニング

大好評

思春期・編

4つのカテゴリーに分け124項目の課題を入れています。
使用対象●小学校高学年から中学・高校生

❶自己認知スキル

❷コミュニケーションスキル
- ■コミュニケーション態度を育てる
- ■ノンバーバルコミュニケーション
- ■相手の状況や気持ちの理解

❸社会的行動
- ■集団参加・ルール理解・集団における気持ちのコントロール
- ■提案・助言・共感・協力・主張

❹プランニング・自立に向けて
- ■計画する
- ■仕事を知る 他

978-4-7803-0288-2 C0037
B5判160頁 本体2000円

自己認知・コミュニケーションスキル・編

ISBN978-4-7803-0380-3 C0037
本体1500円

社会的行動・編

ISBN978-4-7803-0381-0 C0037
本体1800円

自己認知スキル
■**自分や家族を紹介する・自分を知る**
自己紹介のやり方／どんな気持ちがするのかな／一日をふりかえってみましょう／予定通りに終わらないのはなぜかな？

コミュニケーションスキル
■**コミュニケーション態度を育てる**
どうしてがまんしなくちゃいけないの？／授業中の態度は？／誰かが話を始めたら…／授業中、話しかけられたら

■**会話を続ける・やりとりの流暢さ**
わかりやすく話そう1（体験を話す）／いつ話せばいいの？／自分ばっかりしゃべらないで／上手な質問の仕方

■**ノンバーバルコミュニケーション**
ちょうどいい声の大きさ／同じ言葉でも言い方で意味がかわる／聞いてほしくないこと／人と話すときの距離は…

■**相手の状況や気持ちの理解**
年上の人にはなんて言えばいいのかな？／親切もほどほどに…／意見をゆずるのも大事／じょうだんで言ったこと

■**集団参加**
知っている人にあいさつをされたら／クラスのルールを守るって／そうじ当番／どうやって声をかける？／遊びからぬけるとき／予定があるのにさそわれたら／途中でぬけるのは…

■**ルール理解・集団における気持ちのコントロール**
一番がいい！／順番の決め方／一番ではなくてもいい理由／ジャンケンでタイミングよく出すには／するしていいの？／ルールを変えるのは？

■**提案・助言・協力・共感・主張**
一緒に遊びたいのに／上手な意見の伝え方／「いいよ」というのも提案のうち／友だちを手伝うときは／給食をこぼしてしまった友だちに／会話に入ってこない友だちに／ケンカになりそうな友だちに／悪口を言われた友だちのかばいかた／上手な応援／友だちが怒られているときには／授業中わからなくなったら／係の仕事を忘れた友だちに／心配ごとやきんちょうがあるときは／あやまっても許してもらえないとき／注意の仕方を考えよう

ワーキングメモリーと
コミュニケーションの基礎を育てる

聞きとりワークシート

コピーしてすぐに使える**特別支援教育**の教材！

編著
NPOフトゥーロ
LD発達相談センターかながわ

聞きとりワークシートとは？

円滑にコミュニケーションをおこなう上で基本となる「聞いて、覚えて、応じる」ことをクイズやゲーム形式で楽しみながら練習できる特別支援教育の教材です。

読者対象

通級指導教室、特別支援級、通常学級、特別支援学校の先生や園の先生、親御さんなど。

① 言われたことをよく聞こう 編

ことばの音や、話の中の単語、キーワードの聞きとりなどについての問題を中心に構成され、5歳くらいから取り組めます。

144ページ／B5判／2014年10月刊
本体1900円＋税

② 大事なところを聞きとろう 編

話のポイントの聞きとりやメモの仕方、言われたことの覚え方のコツなどについの問題で構成され、小学校低学年くらいから取り組めます。

190ページ／B5判／2015年2月
本体2200円＋税

③ イメージして聞こう 編

会話の中の聞き取りや、省略したりことばでは言っていない部分も考えて聞く問題で構成され、小学校中学年くらいから取り組めます。

216ページ／B5判／2015年4月
本体2200円＋税

この本の特徴

- コピーしてすぐ使えるので、実用的です。
- 基本問題以外にも、指導者がオリジナルで問題を作れるよう工夫されています。
- 著者たちが実際の療育の中で子どもたちに向けて作成、使用してきた実践的な教材です。
- 一対一の個別指導、小グループ、30人程度の通常級などさまざまな規模でおこなうことができ、短いものなら子どもへの実施時間は10分弱、やり取りを広げれば20分前後で実施できます。